한국인을 위한 영어혁명

세종어제 정음(正音)영어

박기봉 지음

한국인을 위한 영어혁명
세종어제 정음(正音)영어

초판 1쇄 발행 2024년 1월 11일

지 은 이   박기봉
발 행 인   권선복
편   집   한영미
디 자 인   서보미
전 자 책   서보미
발 행 처   도서출판 행복에너지
출판등록   제315-2011-000035호
주   소   (07679) 서울특별시 강서구 화곡로 232
전   화   0505-613-6133
팩   스   0303-0799-1560
홈페이지   www.happybook.or.kr
이 메 일   ksbdata@daum.net

값 25,000원
ISBN 979-11-93607-70-1 (13740)

한국인을 위한 영어혁명

세종어제 정음(正音)영어

박기봉 지음

영어 듣기 / 말하기는
훈민정음과 연음법칙에
정답이 있다

：語ㅇ
：미ㅇ
：라는
：말

國·귁
之ㅈ
語：엉
音흠
·이

百·오
·빅음
姓·은
·ㄱ소
·리
·치니
·시訓
·논·훈

訓·훈
民민正·정音흠
訓·훈
民민·은百

나·랏말ㅆ·미

B → ㅅㅂ
V → ㅇㅂ
F → ㅇㅍ
L → 을르
R → 으ㄹ

도서
출판
행복에너지

"세상의 모든 결과는 원인과 이유가 있다."

중학교 시절 영어를 처음 접한 이래 올해로 벌써 48년이 되었다. 그동안 필자에게 영어는 중요했지만, 어려운 과목이었다. 학교 공부는 물론 고등학교와 대학교 입학시험에 영어 과목이 있었고, 공무원 시험에서도 영어는 중요한 역할을 했다. 여기까지는 필수과정이었다.

공무원으로 임용된 후에도 영어는 중요한 과목이었다. 통계 관련 국제회의 등에 참가할 자격을 확보하는데 영어는 필수과목이었다. 즉 공무원 영어시험(LATT)에 합격해야만 국제회의나 유학을 갈 수가 있었다. 입사 후 1년여 만에 LATT 시험에 합격하여, 인도(India) 소재 국제인구학연구소(IIPS)에서 인구통계학 학사과정을 유학하는 행운을 잡게 되었다. LATT라는 영어시험은 필기와 미국인 면접을 동시에 보는 시험으로 말하기가 약한 한국인에게는 어려운 영어시험이었다.

자신감을 가지고 인도 유학길에 올랐으며, 간단한 생활영어는 문제가 없었다. 그러나 영어로 진행되는 대학 강의를 듣는 수업에서는 강의 내용을 하나도 듣지 못해서 6개월간 엄청난 고생을 했다. 학교의 일과는 오전 강의 수업과 오후 실습 등을 병행하는 것이었다. 저녁 식사 후 기숙사에 있는 TV 앞에 앉아서 BBC 방송을 시청하는 등, 영어의 귀를 여는 데 엄청난 고생을 하였다. 6개월이 지나면서 어느 날 마침내 강의 내용이 귀에 들어오기 시작했다. 드디어 영어의 귀가 열리게 된 것이다. 이후 인도에서의 생활은 수월해졌으며, 학교생활도 안정이 되었다.

학기 말 논문발표가 끝나고 외부인 교수가 학습성과를 측정하는 구술

면접시험(oral test)에서 Outstanding을 받는 결과를 이루어 냈다.

통계청에 복귀한 뒤 다시 영어시험에 합격하여, 1997년 필리핀 국립대학교 인구학 석사과정 유학길에 올랐다. 인도에서 영어듣기 문제가 해결된 경험이 있어서 큰 어려움 없이 과정을 잘 소화했다. 학기 말 종합시험에서 yellow paper로 24장 분량의 답안을 영어로 암기해서 작성하는 결과에 힘입어 우등 메달을 획득하였다. 그 덕분에 2년간의 유학 생활을 가족과 함께 성공리에 마칠 수 있었다.

통계청에 복귀한 후에는 2000년 서울에서 열린 통계학술대회(ISI)에 참가하여 업무 관련 영어 논문을 발표한 것을 시작으로, 이후 2년마다 총 4회 참가했던 것으로 기억된다. 2006년 KOICA 전문가로 방글라데시 통계청에 파견되어 영어로 IT 관련 database(DB) 교육을 4개월간 수행하고, 방글라데시 통계청에 DB 기반 통계시스템을 구축하게 하는 성과를 만들었다. 2013년 카자흐스탄 행정역량강화사업(1,000만 불 상당) 국제 컨소시엄(6개국 참여)에 'IT 및 홈페이지 구축' 부문(99만 불)의 한국통계청 PM으로 약 2년여를 참여하여 최고의 평가를 받기도 하였다.

지금에 와서 생각해 보면, 이 모든 결과가 영어 전공도 아닌 필자가 영어를 기반으로 이루어 낸 결과였다.

그러나 이 과정에서 한국인인 내가 영어를 접하면서 느낀 어려움은 생각보다 심했다. 영어로 진행하는 해외 유학을 2번이나 했었건만, 영어가 공용어가 아닌 한국에서 생활한 결과 아직도 영어가 불편한 이유는 무엇일까?

이는 한국인이면 누구나 겪는 피할 수 없는 숙명이며, 달리 해결 방법이 없어 지금까지도 한국인이라면 누구나 피해 갈 수 없는 난제요, 앞으로도 전망이 불투명한 숙제이다.

한국인의 영어 유래에 대해 알아보자. 우리가 잘 알다시피 영어를 모국어로 쓰는 인구는 약 3억 3천6백만 명이고, 총사용자는 14억 5천7백만 명으로 명실공히 세계 1위의 언어다.

대한제국도 구한말 140여 년 전 영어를 도입하여 육영공원에서 영국 선교사가 직접교수법을 실시하였고, 1895년 관립 외국어 학교가 설립되는 등 상승일로를 달리는 언어로 많은 조선의 젊은이들에게 유망한 일자리로 주목받는 언어였다.

당시는 훈민정음 사용으로 영어 발음 등에서 현재보다 훌륭한 성과를 나타냈다. 그러나 경술국치에 의해 일본인 강사에 의한 문법·번역식 교수법으로 바뀌면서 난해하고 10년을 공부해도 영어체계가 형성되지 않는 언어로 전락하였다.

해방 후 1946년 서울대 영어영문학과가 설립되어 미국식 영어를 시작했으며, 1980년 일제식 문법 위주 강의를 회화, 듣기 중심의 교수법으로 전환하였다. 2014년 마침내 유치원 영어교육이 시행되었으나, 여전히 어렵고 시간을 많이 투자해도 성과가 안 나오는 언어인 이유는 과연 무엇일까?

한국인에게 영어가 어려운 이유를 인터넷에서 검색해 보니, 다음의 4가지로 나타났다.

❶ 지나치게 높은 수요로 부담과 스트레스
❷ 문법 중심의 교육으로 회화, 글쓰기가 어려움
❸ 외국인과 접촉할 기회가 적음
❹ 전혀 다른 문장 구조로 실제 배우기가 매우 어려움

다중언어 가능자인 조승연 작가는 자신의 유튜브에서 14세에 미국에 이주하여 11년 동안 생활하며 영어, 불어 등 7개 언어를 구사한다고 한다. 그러나 그가 미국인과 대화할 때면, 미국인이 바로 그가 이방인이라는 것을 알아차린다고 하였다.

　　그에 따르면, 한국인의 영어 읽기 순위는 35위이고 말하기는 121위인데 이는 영어에는 ① 한국인이 선천적으로 안 되는 발음이 존재 ② 영어와는 다른 문장 구조 ③ 강세 중심의 영어와 다른 음절 중심의 한국어이기 때문이라고 하였다.

　　또한, 필자의 학창 시절 대한민국의 유명 영어 강사 중의 한 분인 정철 영어 닷컴에서는 '머릿속의 영어가 입으로 못 나오는 이유'는 다음과 같은 원인 때문이라고 한다.

> ❶ 원리를 무시하고 엉뚱한 것만 배웠기 때문
> ❷ 자연적인 언어발달 단계를 무시, 무조건 예문만 암기
> ❸ 의사소통을 통해서 영어를 익히지 않음

　　그 결과로 영어권에서는 5살짜리 아이도 유창하게 말하는 쉬운 언어인 영어를 못한다고 하였다.

　　필자가 50대 후반 유튜브를 통해 알게 된 판찰라스의 강상원 박사님으로부터 훈민정음과 산스크리트어(범어)를 접하여 오십 평생 몰랐던 우리글 한자와 훈민정음을 배우면서, 그동안 원리를 알지도 못하고 무조건 암기를 통해 배우느라 고생만 했던 영어가 왜 어려운지를 알게 되었다. 이제는 우리 대한민국 사람들도 쉬운 영어를 어렵지 않게 공부할 수 있겠다는

희망을 품게 되었다. 주시경/전용규 선생이 저술한 훈민정음식 영어사전 아학편을 접하고 난 뒤, 마침내 한국인을 위한 영어공부 방법인 본서를 편찬할 수 있게 되었다.

'만약 필자가 영어를 배우던 학창 시절 훈민정음 기반 영어학습법을 알았더라면 얼마나 좋았을까' 하는 아쉬움이 남는다.

아무쪼록 본서를 접하는 독자들 모두 영어의 고통에서 벗어나는 즐거움과 함께 영어를 통한 만족도가 극대화되기를 기원한다.

이 책이 나오기까지 도움을 주신 분들이 있다.

먼저 모교인 의정부고 선배님들, 윤승일(1회), 민의식(1회), 이경섭(2회) 선배님들께 감사를 드린다. 항상 모교를 걱정하시고, 필자에게 책을 써보라고 격려와 함께 베풀어 주신 많은 도움에 진심으로 감사드린다. 또한, 통계청 식구 유기형, 이준휘, 박진현 아우들에게 고맙다.

이 책에 주인공으로 등장하는 딸 예지, 아들 준석, 아내 태순 여사에게 고맙다는 말을 전하고 싶다.

2024년 11월
박기봉

Contents

part
1

영어 발음,
이렇게 쉬울 수 있다!

1
언어습득 과정을 알아보자

"이민을 가서 적극적으로 영어에 노출되면 누구든지 2년 전·후면 영어가 가능합니다." 갓난아이도 만 24개월이면 우리말을 배우고 외국어든 모국어든 귀가 트이고, 입이 열리는 데 필요한 시간은 기껏해야 2년 전·후에 지나지 않음을 뜻한다. 그럼에도 10년 이상 영어를 공부한 우리의 두뇌는 무슨 이유로 영어체계가 형성되지 않는 것일까? (영어탈피 서문)

위 내용은 필자가 인생 1막이 끝난 이 나이가 되어 영어학습에 관한 책을 쓰고, 강의해야겠다는 의지가 생기도록 해준 문장이다. 10년을 넘게 공부해도 안 되는 영어가 제대로 노력한다면 2년이면 해결될 수 있다는 것은 어찌 보면 채찍일지도 모르지만, 실로 엄청난 당근처럼 느껴졌다.

먼저 인간이 언어를 습득하는 과정을 통해 그 실마리를 찾아보자. 다른 동물들도 자기의 의사를 소리나 행동으로 전하면서 사회적인 소통을 한다. 그러나 언어를 가지고 인간처럼 복잡하고 때로는 미묘한 감정까지 전달할 수 있는지는 논외로 하더라도, 언어의 습득은 서로 간의 소통, 사고, 문화 전달 등 복잡한 인지 및 사회적 활동을 수행할 수 있는 핵심 기반을 제공한다. 특히 요즘 유행하고 있는 인공지능도, 사람으로 볼 수 있는 요소는 단 하나도 없음에도 사람이 소통하는 방식과 같이 사람과의 소통에 적극적으로 언어를 활용하고 있다.

이는 인공지능의 본체인 컴퓨터가 이전 세대의 키보드와 화면을 통하여 소통하던 방식과는 완전히 다른 수준으로 진화한 것이다. 이런 인공지능을 만들어 내기 위해 사람들은 인간의 언어습득 과정을 연구하여 모사하였고, 여기에는 대체로 다음의 표 1-1 과 같은 7가지의 이론이 있다. 물론 이 이론 모두가 인공지능에 적용된 것은 아닐 것이다. 그리고 이론을 다루는 부분이라 약간 지루할 수도 있겠다.

표 1-1 **언어습득 이론의 종류 및 특성**

관련 이론	주요 특성	비고
행동주의 이론	언어습득이 주로 강화와 연관되는 학습 과정을 통해 발생(예. 옹알이)	B. F. Skinner
내재주의 이론	인간의 뇌에 내재된 본능적 능력(LAD)에 의해 주도	N. Chomsky
사회 상호작용 이론	언어습득이 사회적 환경과의 상호작용을 통해 발생(의사소통이 중요)	Bruner
인지 이론	언어습득이 개인의 인지능력과 밀접한 연관이 있음	Piaget
신경 과학적 이론	언어습득과 뇌의 구조 및 기능 간의 상호작용에 초점을 맞춘 이론	
사용기반 이론	언어습득이 주로 경험과 사용 활동을 통해 이루어진다고 주장	
연결주의 이론	언어습득을 인지적 신경 네트워크를 통한 연결 및 가중치 조정 과정으로 이해	

출처 : 디스토리.com

언어습득에 관련 이론은 크게 표1-1 의 7가지로 나누어진다. 20세기 초에 등장한 행동주의 이론은 언어습득이 주로 강화와 연관되는 학습 과정을 통해 발생한다고 주장한다.

몇 가지 주요 개념으로 첫째, 조작적 조건화이다. 아동의 언어습득은 성공적인 언어적 행동에 대한 보상이나 부적절한 언어적 행동에 대한 처벌을 받음으로써 언어를 학습하는 것으로 간주한다.

둘째, 모방이 중요한 역할을 한다. 즉 어린이들은 부모, 선생님, 동료 등 주변의 언어 사용자들로부터 언어를 모방하며, 이를 통해 어휘, 문법, 발음 등 언어의 구성요소를 습득한다.

셋째, 강화는 언어습득에서 중요한 역할을 하는 요소이다. 예를 들어, 어린이가 올바른 단어를 사용했을 때 칭찬을 받으면 그 단어 사용을 계속하게 된다.

이외에도 일반화, 차별화, 소멸이 있다. 이론의 주요 비판 중 하나는 언어습득의 복잡성과 지능적 측면을 무시한다는 것이다.

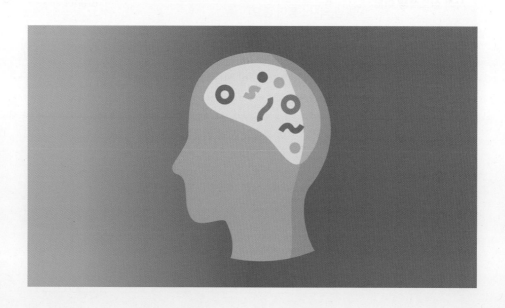

내재주의 이론은 언어습득이 인간의 뇌에 내재된 본능적 능력에 의해 주도된다는 주장이다. 인간은 효율적으로 언어를 배울 수 있는 특별한 언어습득장치(Language Acquisition Device)를 가지고 태어난다는 것이다. 언어습득이 유전적, 발달적 그리고 생물학적으로 뿌리 깊게 연결되어 있음을 강조한다.

핵심 개념으로는 첫째, 언어습득장치(LAD)는 언어습득 메커니즘으로 아동이 언어적 입력을 처리하고, 그에 따른 언어규칙을 생성하는 능력을 제공한다.

둘째, 보편적 문법은 모든 언어의 기본적인 구조와 원리를 묘사하는 이론으로 내재주의 이론의 핵심적인 개념 중의 하나이다. 어린이는 언어습득 과정에서 이러한 원리를 참고하여, 자신의 모국어 문법을 습득할 수 있게 된다.

셋째, 선천적 언어능력으로 출생 시 언어습득에 필요한 능력을 갖추고 태어나기 때문에, 상대적으로 적은 언어적 입력에도 불구하고 언어를 빠르게 습득할 수 있다.

이외에도 침묵의 기간과 인지능력의 분리 등이 있다. 이 이론의 주요 비판 중 하나는 선천적 언어능력과 보편적 문법에 대한 강력한 증거의 부족이다. 그런데도 많은 연구자의 관심을 끌고 있으며, 언어습득의 놀라운 효율성과 인간이 가진 독특한 언어능력에 대한 설명을 제공한다.

사회 상호작용 이론은 언어습득이 사회적 환경과의 상호작용을 통해 발생한다는 주장이다. 언어습득 과정에서 다른 사람들과의 의사소통이 중요한 역할을 차지한다고 강조한다.

핵심 개념으로는 첫째, 지향점으로 이는 언어습득 과정에서 선생님, 부모 또는 다른 언어 사용자가 제공하는 지원과 가이드를 의미한다. 지향점은 어린이의 발달 수준에 맞게 조절되며, 언어습득 과정에서 점차 줄어들어 자립적인 언어 사용자로 성장하게 한다.

둘째, 사회적 상호작용이다. 언어습득이 다른 사람들과의 지속적인 의사소통을 통해 이루어진다고 주장한다. 이는 언어습득에 필요한 풍부한 언어적 입력을 제공한다. 어린이들에게 적절한 피드백을 주고받을 기회를 제공한다.

셋째, 입력과 교정이다. 학습자는 사회적 상호작용을 통해 다양한 언어적 입력을 받게 된다. 이는 어휘, 문법, 발음 등 언어의 다양한 요소의 습득에 필요한 자료를 제공한다.

이외에도 내재화, 지역 문화와 관습 등이 있다. 이론의 주요 비판 중 하나는 이 이론이 내재적 구성요소와 인지적 측면을 무시한다는 것이다. 그럼에도 이 이론은 언어습득 과정에서 사회적 환경과의 상호작용이 중요한 역할을 차지함을 보여주며, 언어교육에 대한 중요한 인사이트를 제공한다.

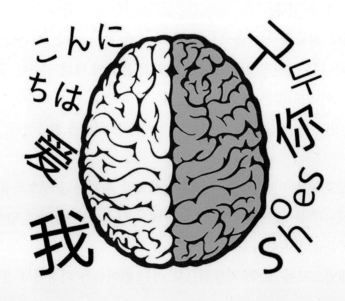

인지(認知) 이론은 언어습득이 개인의 인지능력과 밀접한 연관성이 있다는 주장이다. 이러한 능력이 언어학습에 필요한 지식과 전략을 처리하는 데 사용된다고 강조한다.

주요 개념으로는 첫째, 정보처리를 통한 언어습득을 인지능력의 하나로 간주한다. 인지 이론은 언어습득 과정에서 정보처리가 중요한 역할을 차지한다고 주장하는데, 이는 개인이 언어적 정보를 수용, 저장, 검색 그리고 사용하는 능력을 가리킨다.

둘째는 연결주의이다. 인지 이론의 한가지 접근법으로, 인간 두뇌의 인공신경망 모델을 기반으로 언어습득 과정을 설명한다. 연결주의 모델은 언어습득이 경험에 기반한 정보처리 과정을 통해 발생하며, 두뇌의 뉴런 간의 연결 강도가 학습의 결과로 조절된다고 주장한다.

셋째는 인지 기능주의이다. 언어의 형태와 기능이 인지적 요구와 상황적인 제약으로 결정된다고 주장한다. 이 접근법은 언어습득이 언어 사용 환경과 인지적 과정 간의 상호작용으로 발생한다고 강조하며, 언어 형태와 기능의 다양성을 설명한다. 이외에도 인지발달이 있다.

이론의 주요 비판 중 하나는 이 이론이 언어습득 과정에서 사회적 상호작용과 문화적 요소의 중요성을 무시한다는 것이다. 그럼에도 인지 이론은 언어습득 과정의 인지적 요소의 중요성을 강조하여 언어교육과 심리학에 대한 통찰력을 제공한다.

그 외의 이론도 매우 중요하지만, 너무 전문적인 내용으로 본서와는 거리가 있으므로 추가내용이 필요하면 개인적인 참고를 바란다.

위의 이론들은 언어습득에 대한 종합적인 이해와 언어교육과 관련된 내용을 파악하는 데 도움이 될 수 있다.

첫째, 각 이론은 언어습득에 영향을 미치는 다양한 요인을 강조하며,

이를 통해 언어습득 과정의 다양성과 복잡성을 이해할 수 있다. 둘째, 이론들 사이의 상호작용과 통합을 통해 언어습득의 다양한 측면을 확인할 수 있다. 셋째, 이론 간의 비교를 통해 각각의 이론이 어떠한 강점과 한계가 있는지 파악할 수 있다.

여기서 모국어 습득에 대한 좀 더 자세한 내용을 알아보자.

유아가 모국어 습득을 위해서 거치는 준비 단계를 알아보자.

유아 초기의 강력한 의사소통 수단으로 울음이 있다. 이는 자신의 요구사항과 언어 발달기관의 운동을 촉진하는 역할을 한다.

생후 2개월이 되면 소리내기를 시작하여 유아와 부모 간의 상호 의사소통을 시작한다. 생후 4~5개월에는 옹알이를 시작하여 발성 기관과 소리조절 능력이 발달한다. 이는 9~12개월에 최고로 발달한다. 생후 9~12개월이 되면 몸짓을 사용하여 부족한 어휘력을 보완하는데, 이는 의사소통의 중요한 역할을 한다.

일반적으로 아동의 언어발달은 표 1-2 에서 볼 수 있듯이, 준비 단계를 거친 후 2세를 전후해서 단어를 사용하기 시작한다. 3세를 전후해서 간단한 문장을 사용하며, 4세를 전후해서 숫자를 사용할 수 있다. 6세를 전후해서 가정문을 사용할 수 있게 된다. 6~12세에 이르는 기간에 언어능력이 갖추어지는 것으로 보고 있다. 이를 바탕으로 12세 이후에는 책 읽기, 문장 쓰기 등 문자언어의 세계로 들어간다.

모국어 습득에는 다양한 이론이 존재하지만, 그들 중 가장 눈길을 끄는 것은 인간의 타고난 언어학습장치(LAD)이다. 이를 통해서 인위적인 학습이 아니라 마치 숨을 쉴 때마다 공기를 흡입하듯이 주변의 언어를 흡수해서 자연적으로 습득한다.

표 1-2 **모국어 습득 단계**

습득 단계	세부 내용	비고
1단계	소리 자체를 듣는 귀가 열리면서, 주변에서 하는 말귀를 알아듣기 시작한다.	약 2개월
2단계	옹알이를 통해 원어민의 발성 구조가 형성된다.	4~5개월
3단계	기본단어를 익히고 단어를 나열하는 원어민 구문 감각을 터득한다.	4~5세
4단계	간단한 대화와 다양한 문장을 유창하게 구사한다.	6~12세
5단계	문자언어의 세계로 들어간다.(책 읽기, 문장 쓰기)	12세 이후

언어습득 단계 초기   옹알이 단계

　이때, 주위의 환경과 개인의 인지능력에 따라 습득의 정도가 달라진다. 또한, 모국어 습득은 자연적인 습득이지만, 준비 기간을 통해서 언어를 구별하고 옹알이 등의 자체 연습과 가족 및 친구를 통해서 각종 단어와 문장을 완벽하게 구사하는 수준으로 발전한다는 것이다.

성인 언어학습 또는 제2외국어 학습

성인 언어학습 또는 제2외국어 학습은 어떠한지 알아보자.

모국어 습득과는 달리 제2외국어 학습은 말 그대로 애써서 배우는 인위적인 학습이다. 모국어 습득 이론에서 일부를 가져다 쓸 수는 있지만, 접근방법 자체가 근본적인 차이가 있다.

언어습득의 결정적 시기(만 14세경)에 한 언어에 노출됨으로써 자동으로 언어를 습득하는 것은 이차성징이 나타나는 사춘기가 지나면 사라지는 것으로 보인다. 그 이후 언어를 배우는 데는 상당한 노력과 의식적인 학습 등 추가적인 노력이 필요하다. 그러한 노력에도 불구하고 결정적 시기를 넘기고 난 후에는, 원어민처럼 유창하게 언어를 구사하기는 어렵다. 그러므로 사춘기가 시작되는 13~15세 이전에 하나 이상의 언어습득이 필요하다. 이 시기를 놓쳐서 모국어 습득에 실패하면, 이후에는 어떤 언어도 습득 자체가 불가능하다고 주장한다. (에릭 레너버그, 미국, 1967)

성인 언어학습이 어려움을 겪는 이유로 "나이가 들수록 언어중추의 뇌가 노화 현상으로 기능이 약해진다"라는 퇴화설과 "노화 현상보다 심리적 이유로 방해를 받는다"라는 방해설이 존재한다. 일부 실험을 통해서 확인한 바에 의하면, 10대 후반까지는 언어구조가 다른 동양계는 제2외국어 습득에서 어려움을 겪었지만, 같은 언어권에서는 나이가 들수록 큰 차이가 없는 것으로 나타났다.

또 다른 어려움은 외국어 문장의 구조와 발음이다. 특히 모국어의 주어(S) 동사(V) 목적어(O)의 순서에 의한 특정한 문장의 구조 사용 능력과 무성음과 유성음의 구별 능력이 3~12세 전후의 나이에서 고정된다. 언어습득이 완성된 이후에는 모국어와 다른 문장의 구조와 음운을 갖는 외국어를 습득하는 것을 어렵게 하는 요소로 작용한다.

외국어 습득

<u>결정적 연령 가설 : 언어습득 능력은 시한성이 있다.</u>
Pinder에 따르면 모국어 습득 이후 언어습득 장치의 쓸모가 없어져 두뇌에서 언어습득 장치를 자동으로 폐기한다.

표 1-3 학습 기회의 창

학습 유형	결정적 시기	끝나는 시점
듣기능력 개발	태아는 4개월 반이면, 소리듣기를 시작하며 6개월이면 목소리를 듣고 얼마 후 목소리 주인을 인식한다.	8~10세
모국어 개발	출생 이후	10~12세
수리능력 개발	출생 이후	평생 지속
음악능력 개발	엄마 뱃속(음악에 반응하면서)	평생 지속
기억력 개발	출생 이후	평생 지속
제2외국어 개발	출생 이후	평생 지속 (빠를수록 좋다)

※ 아이들은 부모, 가족, 친구 등 사회적인 환경 속에서 언어를 배울 때,
더 빨리 그리고 정확한 언어습득의 능력을 보유한다.

무엇이 제2외국어 습득을 어렵게 하는가?

인지발달이란 개인이 정보를 지각하고 평가하며 이해할 수 있는 지적인 능력을 습득하는 과정이다.

1) 출발 인지 기재의 차이

언어발달과 인지발달은 서로 간에 상호작용을 한다. 서로 방해 요소로 작용하지는 않지만, 인지능력이 마무리되는 사춘기 이후에 진행되는 제2언어의 습득은 양상이 다르다.

습득은 인위적인 학습 과정을 요구하지 않는 자연스럽고 암묵적인 과정이다. 이에 반해 학습은 명시적이고 의식적인 배움을 요구하는 과정이라 할 수 있다. 즉 습득은 무의식적으로 수행되는 자연스러운 과정이지만, 학습은 다른 인지 처리 과정들이 의식적으로 개입하는 과정이라 볼 수 있다.

모국어 습득은 의사소통 과정을 통해서 진행되지만, 제2 언어의 습득은 주로 인지적 과정을 통해서 이루어진다. 다른 인지능력이 이미 발달한 상태로 개입 정도가 강해진다. 제2외국어 습득은 모국어보다 의식적 노력의 향상으로 인지적 부담이 작용한다.

2) 전이 현상

전이 현상은 이미 습득한 모국어가 제2 언어의 습득 과정에 영향을 미치는 것으로 자주 사용된다. 부정적 전이는 목표어에는 없거나 목표어와는 다른 모국어 특성이 제2외국어 습득을 방해하는 것이고, 긍정적 전이는 목표어와 동일 또는 유사하다. 이에 모국어 특성이 제2외국어 습득을 촉진한다.

모국어 습득이 완료되기 전에는 제2외국어에 대한 모국어의 영향이 상대적으로 미미하여, 모국어 습득을 위한 시간이 자연스럽게 습득 시기가 빠를수록, 제2외국어 습득이 쉽다. (『제2 언어의 습득에 대한 신경언어학적 고찰』, 이성은, 서울대)

3) 습득 수준의 문제

아동의 언어습득은 개인 간의 편차가 크지 않다. 4~5세 이후부터 누구나 모국어 사용이 가능하고 차이가 거의 발생하지 않는다. 반면 제2외국어는 학습자의 수준에 따라 언어처리 과정에 큰 차이가 오래 지속되는 경향을 보인다. 다수 연구 결과에서 확인된 제2 언어의 습득 인지 기재의 특이성은 대부분 초급 학습자에 국한됨을 확인할 수 있다. 수준이 높은 학습자의 인지 기재는 모국어의 그것과 유사함을 고려해 볼 때, 학습이 진행됨에 따라서 그러한 특이성이 사라진다.

제2 언어의 습득 단계

제2 언어의 습득 단계는 표 1-4 에 나타난 5단계로 이루어진다.

예비단계(Preproduction)는 준비 단계 또는 침묵 단계이다. 학습자의 이해력이 제한되어 언어를 사용하지 않고, 비언어적 의사소통에 의존하며 몸짓이나 끄덕임을 사용할 수 있다.

초기 생산 단계(Early Production)는 학습자가 몇 개의 단어와 짧은 구문을 생성하기 시작하며 주로 익숙하고 자주 들은 표현을 사용하며 암기한 단어 개수에 의존한다.

언어 표출 단계(Speech Emergency)는 학습자가 더 복잡한 문장 생성과 간단한 대화 수준으로 어휘력이 확장되고 문법에 대한 이해 능력이 높아진다.

중간 숙련 단계(Intermediate Fluency)는 학습자가 언어에 능숙해져 더 확장된 대화에 참여할 수 있다. 오류는 적어지며 더 복잡한 언어구조를 이해하고 정확도와 함께 더욱 유창해진다.

고급 숙련 단계(Advanced Fluency)는 학습자가 거의 원어민 수준의 능력을 갖추고 정확도, 유창함, 이해력이 높다. 다양한 문맥의 언어를 이해하고 생성할 수 있으며, 원어민과 효과적으로 의사소통할 수 있다.

표 1-4 제2 언어습득 단계

습득 단계	주요 특징
예비단계	준비 또는 침묵 단계로 비언어적 의사소통에 의존하며 몸짓이나 끄덕임을 사용
초기생산단계	몇 개의 짧은 단어로 짧은 구문을 생성하기 시작, 익숙하고 자주 들은 표현을 주로 사용
언어표출단계	더 복잡한 문장을 생성하고 간단한 대화가 가능, 어휘력이 확장되고 문법 이해력을 향상한다.
중간숙련단계	언어가 능숙하여 더 확장된 대화에 참여할 수 있고 보다 복잡한 언어구조를 이해하고 정확성과 유창성이 더욱 향상된다.
고급숙련단계	거의 원어민 수준의 능력을 갖추고 다양한 문맥에서 언어를 이해하고 생성할 수 있다.

제2 언어습득에 영향을 주는 요인

제2 언어의 습득에 영향을 주는 요인은 표 1-5 에서 볼 수 있다. 먼저 '연령'은 어린 학습자가 성인보다 제2 언어의 습득이 더 쉽고, 학습에 더 높은 수준의 능력을 보여준다. 이는 "결정적 기간"이라는 가설과 관계가 있다. 그러나 성인도 집중적인 학습과 연습을 통해 높은 수준의 능력 달성이 가능하다.

언어능력과 인지능력의 개인차는 제2 언어의 습득에 영향을 미칠 수 있다. 일부는 언어학습에 자연스러운 재능을 가졌으나, 다른 일부는 제2 언어의 습득에 더 많은 어려움을 겪을 수 있다.

'동기'는 제2 언어의 습득에 매우 중요한 역할을 한다. 언어와 문화의 진정한 흥미 같은 내재적인 동기는 제2 언어의 습득에 더 좋은 결과를 만들어 낸다. 타인과 의사소통하거나 취업 기회를 개선하려는 외부적 요인도 동기에 영향을 줄 수 있다.

'노출 및 입력(Exposure and input)'에서 제2 언어에 대한 노출의 양과 질은 언어습득에 큰 영향을 미친다. 이주, 유학, 원어민과의 교류 등 유입된 언어에 대한 현실적이고 의미 있는 입력 기회는 언어학습을 촉진 시키는 중요한 요인이 된다.

'사회적 및 문화적 요소'로서의 언어는 사회적 및 문화적 맥락과 깊게 연관되어 있다. 문화적 태도, 사회적 지원 및 언어 사용 기회는 언어습득 과정에 영향을 미칠 수 있다. 제2 언어 공동체에 수용되는 통합된 감정을 가진 학습자는 더욱더 긍정적인 학습경험을 할 수 있다.

표 1-5 제2 언어습득에 영향을 주는 요인

영향 요인	주요 내용
연령	어린 학습지가 더 쉽게 제2 언어를 습득하고 더 높은 수준의 능력을 보여준다. 결정적 기간의 가설이 있다.
능력	인지능력과 언어능력의 개인차는 제2 언어습득에 영향을 미칠 수 있다.
동기	제2 언어습득에 중요한 역할을 하며, 해당 언어/문화, 흥미나 취업 등이 동기에 영향을 준다.
노출과 입력	제2 언어에 대한 노출의 양과 질이 언어습득에 큰 영향을 미친다. 이주, 유학, 원어민과 교류는 학습을 촉진한다.
사회적 문화 요소	문화적 태도, 사회적 지원, 언어 사용 기회 등이 언어습득 과정에 영향을 미친다.

언어교육 방법론에 대한 정리

표 1-6 는 11가지 언어습득자가 활용할 수 있는 언어교육의 방법론을 정리한 것이다. 그 특성을 보면 언어교육 방법론은 상호 배타적이지 않으며, 많은 교육자가 학습자의 요구에 맞게 다른 접근법의 요소를 결합할 수 있다. 방법론의 선택은 학습자의 '연령', '숙련도 수준', '학습 목표 및 문화와 같은 요인'에 따라 달라져야 한다. 효과적인 언어교육은 이러한 요인을 기반으로 방법론을 적용하고 선택하는 것을 포함하며 지속적인 평가와 반성을 통해 학습자에게 최상의 학습 결과를 제공하기 위해 노력해야 한다.

표 1-6 TESOL 이론 언어교육 방법론

방법론	주요 내용
문법-번역법	학습의 초기 형태 방법, 읽기와 쓰기가 말하기에 우선한다. 장점은 학습자가 제2 언어 문법과 어휘의 숙련도를 높이고, 교육자의 시간과 스트레스를 덜어준다. 문법 규칙과 번역을 우선으로 언어 정확성을 강조하며, 단점은 학습자가 학습에서 수동적인 역할로 흥미와 참여가 적을 가능성이 있다.
직접교수법	장점은 말하기와 듣기가 발달할 수 있고 능동적인 흥미와 참여를 통해 언어를 접할 수 있다. 단점은 교육자가 원어민이거나 유창한 교사 요원이 필요하다. 성공 여부는 교육자의 능력에 달려 있으며 언어이론 부족은 학습자의 이해에 영향을 줄 수 있다.
오디오-언어법	행동주의 원리에 근거한 방법론, 대규모 반복 및 단순 반복을 통해 청취 및 말하기 기술에 초점을 둔다. 자극-반응-강화 모델은 많은 패턴 반복을 통해 좋은 언어 습관을 주입하는 데 사용된다. 장점은 듣기와 말하기 능력개발에 집중되며, 오디오 반복을 통해 원어민 수준으로 유지하게 한다.
인지코드법	교육자에게 간단한 설명, 예시와 함께 문법 활용의 제시에 중점을 둔다. 장점은 언어학습은 창의적인 과정으로 간주하고, 학습자가 학습 과정에서 적극적인 역할을 수행하여 학습을 보다 개인적인 관련성이 있게 만든다. 단점은 규칙 분석과 이해에 너무 많은 중점을 둘 수 있고, 학습자의 언어 오류 고장을 너무 강조할 수 있다.
의사소통 중심 교육법	학습자 중심 접근법으로 의미 있는 의사소통을 우선시한다. 실생활 상황에서 제2 언어의 유창하고 정확한 사용 능력개발을 목표로 한다. 말하기와 쓰기 등을 모두 동등하게 중요시한다. 장점은 교육자가 촉진자가 되어 학습자 간 상호작용을 통해 학습자의 흥미와 참여를 증가시킨다. 단점은 소규모 교실에 적합하다. 제2 언어 노출이 듣기와 말하기이므로 읽기, 쓰기가 부족할 수 있다.
전체 육체적 반응	언어학습과 육체적 동작을 결합하는 방법론. 학습자는 교사의 지시에 육체적 동작으로 응답하며 언어와 운동 기술의 연결을 한다. 이 방법은 초보자와 어린 학습자에게 특히 효과적이다.

자연적 접근법	의식적 학습보다 언어습득에 중점을 두는 4단계 과정으로 구분한다. Pre-production(~6개월): 침묵 기간, 주로 듣기와 반응만 가능한 시기, 수용어휘 500단어 Early-production(3개월~1년): 1~2개 단어로 응답, 소규모 그룹 단위, 간단한 방식의 의사소통 가능 Speech emergency(1~3년): 상당히 유창하게 구문 및 문장 생성이 가능. 수용어휘는 7,000단어 Intermediate Fluency(3~4년): 의사소통용 지식과 기능이 완성됨. 장점은 효과적인 의사소통을 강조, 단점은 이해 우선 학습이라 언어습득에 많은 시간 소요 및 습관적 오류 발생 가능성이 크다.
과제 중심 언어교육법	특정 작업의 완료를 언어학습 수단으로 사용하는 방법론이다. 학습자는 목적을 달성하기 위해 실생활 작업에 참여하여 의사소통, 문제해결 및 비판적 사고 기술을 촉진한다.
콘텐츠 기반 교육법(CBI)	언어학습을 분야별 주제, 학문적 주제나 콘텐츠와 통합하는 방법론이다. 학생들은 분야별 주제나 학문적 분야를 탐구하면서 언어기술을 배우게 된다. 콘텐츠는 언어습득의 도구로 사용된다.
사일런트 웨이	학습자의 자주성을 장려하여 학습의 책임을 학습자에게 두는 방법론이다. 교육자는 수업 대부분 동안 침묵하며 몸짓, 시각적 단서 및 물체를 사용하여 학습자의 응답을 유도함. 중점은 문제해결과 발견학습에 둔다.
커뮤니티 언어학습 (CLL)	인간 중심적이고 전체적인 접근법을 강조하는 방법론. 교육자는 상담사 또는 지원자로서의 지원하는 환경 조성. 학습자는 목적언어로 자신의 생각과 감정을 표현, 교사는 번역과 설명을 제공한다.

출처 : 티스토리: [TESOL 이론] 언어교육 방법론

제2 언어습득에 대한 정리

결론적으로 제2 언어의 습득은 모국어 습득과 비슷한 다양한 이론이
제공되지만, 습득 단계와 영향을 주는 요인이 다르다는 것을 알 수 있다.
모국어 습득의 경우 학습하지 않아도 6세 이상이 되면 성인과 같은 구조
단계 수준으로 언어를 습득하게 된다. 제2 언어의 경우는 의식적인 학습

과 연습 기간에 따라 고급 숙련 단계까지 도달하지 못할 수도 있다. 또한 제2 언어의 습득에 영향을 주는 요소도 환경적인 요인보다는 본인의 '연령', '능력', '동기' 등 개인적인 요인이 많다는 것을 알 수 있다.

표 1-7 **모국어 습득과 제2 언어 습득법 차이 비교**

모국어 습득	제2 언어습득
의사소통 과정을 통해 배운다.	인지적 과정을 통해 배운다.
노출 기회가 많고 자연스럽게 배울 수 있다.	시간과 노력, 금전적인 투자 등 따로 배울 기회를 만들어야 한다.
모국어를 배우는 과정이 아주 빠르게 진행된다.	노출의 기회가 적어서 배우는 데 시간이 오래 걸린다.
배우는 과정에서 문법을 정확하게 정의하지 못해도 효과적으로 사용할 수 있다.	문법적인 규칙을 완벽하게 알아도 효과적인 사용까지는 상당한 시간이 걸린다.
관용어를 쓰는 등 유창하게 사용할 수 있다.	언어를 오래 공부해도 유창하게 사용하기까지 오랜 시간이 걸린다.
모국어를 배우기 위해서 특별한 능력이 필요하지 않다.	언어적으로 발달한 사람만이 제2 언어를 잘 배울 수 있다.
배우는 시기가 동일(생후)	제2외국어 배우는 시기가 다양
듣기, 말하기, 읽기, 쓰기의 순서로 배우게 된다.	교수에 따라 소개하는 순서가 다양하다.

실천 과제

언어습득 과정에서 유아가 듣기/말하기를 위해 노력하는 지치지 않는 열정을 내 영어학습에 적용해 보자.

2
그래서 그렇게 해외 조기교육에 몰두하였나?

우리는 앞장에서 언어습득에 관해서 모국어 습득과 제2외국어 습득에 관한 이론들을 살펴보았다. 영어학습은 빠를수록 좋고, 결정적 시기를 놓치면 아무리 노력을 해도 원어민같이 될 수 없다. 그렇다면 정답은 어린 나이에 원어민이 사는 국가에 가서 원어민과 같이 공부를 하면, 원어민과 똑같은 수준의 영어를 할 수 있다는 결론에 이르게 된다. 그렇다면 결론은 조기유학인가?

조기유학을 보내는 가장 큰 목적은 완벽한 영어 구사를 위해서다. 특히 외환위기 이후 한국 사회의 급변화 속에서 자녀를 21세기 세계화 시대에 맞는 사회인으로 성장시켜야 한다는 필요성을 절감하게 됐다. 아이의 학년에 따라서 단기목표는 조금씩 다르다.

초등학생의 경우 조기유학 가는 목적은 100% 영어습득이다. 영어를 완성한 후 특목고의 영어특기자로 선발되거나, 떨어지더라도 영어에 신경 쓰지 않고 다른 과목 공부에 충실하게 하려는 목적이다.

중·고등학교 때 유학을 떠나는 아이들의 경우는 해외 명문대학 진학이 가장 큰 목표다. 사실상 일부 특목고를 제외하고는 한국에서 고교 졸업 후 미국의 명문대학에 진학이 어렵다. 중·고등학교부터 미국에서 유학해 세계적 순위의 미국 명문대학에 진학하면 졸업 후에도 유명한 다국적 회사에 취직할 수 있다. 경력을 쌓아서 한국으로 올 경우에도 경쟁력이 있다는 생각에 많은 부모가 선호한다.

또한, 조기유학을 선택한 다른 한 부류는 한국에서 대학 진학이 불가능한 학생들이다. 어차피 한국에서는 더 이상 상위권 진입이 어렵다면, 해외에 눈을 돌려 반전을 꾀하자는 생각이다. 이런저런 이유로 대학입시가 어렵고, 국내 명문대를 나와 취업이 불확실한 상황에서 한 달에 1백만 원 이상의 사교육비를 쓸 바에야 외국에 보내겠다는 생각이 더해져 외국행에 줄을 서고 있다.

조기유학을 보내는 부모의 마음

1) 우리나라 교육은 입시 위주이고, 교육 시설과 교육 질이 선진국보다 떨어진다.

2) 우리나라에서는 사교육의 부담이 크기 때문에 차라리 이 돈으로 유학을 보내는 것이 낫다.

3) 내 아이를 입시 지옥에서 해방하겠다.

4) 우리나라 대학을 졸업해도 취업 준비를 또 해야 하고 경쟁력이 떨어진다.

5) 대부분 아이가 유학하고 있어서 그들과 비교하여 열등하게 할 수 없다.

6) 주변에서 듣는 이야기로 미국과 캐나다 등은 학비가 싸고 좋은 교육을 하는 학교가 많이 있다.

7) 자녀들이 적응을 잘못해서 혹시라도 실패할 수는 있어도 영어는 건질 수 있다.

(출처: 조기유학을 보내지 말아야 할 7가지, 뉴욕에서 의사하기)

유학의 목적과 형태의 변화

대한민국의 유학 형태를 연도별로 알아보자.

1) **70년대까지 유학:** 거의 대다수가 박사학위 취득을 목적으로 해외 유학을 하였고, 박사학위를 취득하면 한국에 귀국해서 존경받는 대학교수나 좋은 대우로 기업체 연구원으로 일을 할 수 있었다.

2) **80년대 유학:** 학부부터 유학 가는 학생들이 급격히 늘어났다. 여전히 일반 학문이나 공학 석/박사 과정을 공부하려는 유학생이 많았지만, 국내 기업과 경제 규모의 성장으로 MBA와 같은 실용적인 전문 대학원을 공부한 후, 한국에 귀국하여 활동하려는 유학이 시작됐다. 또한 부모의 유학에 동반하여 미국에서 초등학교 등을 보낸 학생들의 영어

회화 능력은 한국에서 공부한 학생들의 영어 실력과는 현저한 차이가 있음을 보여주는 시기이었다.

3) **90년대 유학:** 해외여행과 유학 자유화가 자리 잡으면서, 조기유학이 본격화되는 시기라고 볼 수 있다. 이때 조기유학을 온 학생들은 미국이나 캐나다 대학에서 학위만 받은 것이 아니다. 중·고교의 어린 시절에 유학을 다녀오며, 뛰어난 영어 회화 실력을 발휘할 수 있어서, 국내 기업에서 출중한 인재로 대우를 받을 수 있었다. 해외 MBA 학위가 여전히 좋은 대우를 받았다. 특히 IMF를 겪으면서, 국제적인 비즈니스 감각을 지닌 '해외 MBA+해외경력'이 최고의 대우를 받던 시기라고 볼 수 있다. 하지만 해외 박사학위 취득자들의 공급이 대학교수 수요에 비해 많아지면서, 해외 박사학위로도 대학에서 교직을 얻기가 쉽지 않은 시기가 되었다.

4) **2000년대 유학:** 2000년대 중반까지 조기유학이 증가하다가 그 이후 정체되는 시기이다. 이때까지만 해도 고등학교 졸업 후 미국이나 캐나다의 대학 입학이 어렵지 않았다. 한국대학에서는 국제학부나 해외체류자의 특례입학이 활성화되면서 한국대학의 입학도 어렵지 않았다. 하지만 미국과 캐나다의 대학 출신이 한국에서 취업에 어려움을 겪기 시작했다. 더군다나 해외의 대학 출신 중에는 한국기업과 조직문화에 적응하지 못하는 사례가 증가하자, 해외유학파의 인기가 급하강했다. 따라서 국내 명문대학 동문 네트워크를 가지기 위해 미국과 캐나다에서 고등학교를 졸업하고 한국대학에 입학하고자 하는 학생들이 급증했다.

5) **2010년대 유학:** 미국이나 캐나다 대학 입학 경쟁률이 더욱 치열해졌다. 특히 최근에는 북미의 명문대학에 많은 중국 출신 학생들 입학이 급격히 증가하고 있어서 국제(특히 아시아계) 학생들 간의 미국 명문대 입학이 훨씬 더 어려워졌다. 한국의 고용시장 상황이 좋지 않아, 북미대학을 졸업해도 귀국 후 원하는 직장을 구하기가 훨씬 더 어려워졌다. 북미에서 고등학교를 졸업하는 조기 유학생들이나 해외주재원 자녀를 위한 한국대학 특례입학제도는 초등학교 1학년부터 12년 줄곧 해외에서 공부한 학생에게만 주어지므로, 국제학부 이외 한국대학 입학은 더욱 힘들다.

6) **2020년대 유학:** 코로나19 기간에 크게 줄었던 한국의 해외유학생 수는 엔데믹 이후에도 감소세를 보였다. 2020년 20만 명 이하로 감소하였으며, 2022년 12만 명대로 떨어지고 있다. 과거 외국어와 선진학문을 익히고 견문을 넓히기 위한 해외 유학의 수요에서 최근 한국도 선진국 반열에 오르면서 해외유학파 선호 분위기가 상대적으로 많이 약해진 분위기이다. 국내 취업이나 네트워크 구축 등의 측면에서 강점이 퇴색하면서, 국외대학 진학에 많은 시간과 돈을 투자하려는 사람들이 줄고 있다고 분석한다.

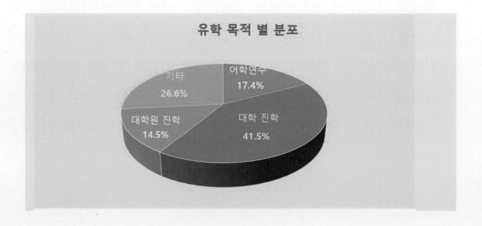

조기유학 현황

조기유학 붐은 1990년대 해외여행과 해외 유학 자유화로 인해 자리를 잡으며 증가하였다. 90년대 말 IMF 구제금융 위기로 급감하였으나, 2000년대 초반 다시 본격적으로 시작됐다. 한국교육개발원에서 발간한 국외 한국인 유학생 통계를 보면 2000년부터 숫자가 급격히 증가했다. 초등학생의 경우 2000년 705명에서 2006년 1만 3천800명까지 수직으로 상승했다. '기러기 아빠'라는 신조어('자녀를 외국에서 공부시키기 위해 아내와 자녀를 외국에 보내 놓고 홀로 남아 생활하는 남편')가 등장한 것도 이때이다. 당시 조기유학의 주된 목적은 영어였다. 자녀가 어릴 때부터 영어권 국가에서 생활하면 영어를 모국어처럼 사용할 수 있다는 생각에 너도나도 짐을 쌌다.

이런 형태의 조기유학은 2006~2007년 절정에 이르렀다. 2006년 한 해에만 초중고생 2만 9천511명이 외국학교 유학을 이유로 학교를 그만두었다. 이는 이민이나 부모의 직장 파견 등을 제외한 숫자이다. 초등학생 불법 조기유학이 문제가 됐던 것도 이 시기다. 현지에서는 한국인 조기 유학생을 위한 홈스테이가 성행했고, 항공사에서는 혼자 비행기를 타는 초등학생을 위한 동행 서비스를 출시하기도 하였다.

이때까지만 해도 조기유학 경험을 바탕으로 국외대학을 진학하는 학생이 많았다. 즉 초등학교나 중학교 때 외국에 나갔다가 다시 국내에서 국외 대학입시를 준비하는 식이었다. 특히 2007년을 전후로 외국어 고등학교들이 유학반 정원을 대폭 늘리면서 한때 입학생 중 약 30%가 유학반에 편성되기도 했다. 그러나 2008년 세계 금융위기 이후에는 조기유학을 떠났다가 국내 대학으로 발길을 돌리는 리터니(returnee)가 늘었다.

그리고 쉬운 전형을 통해 한국대학에 입학한 조기 유학파들이 한국대학에 잘 적응하지 못하고, 혜택 논란 등과 같은 불공정 시비에 휘말리면서 지금은 조기유학을 다녀온 학생들이 유리한 대학 전형은 사라진 상태이다. 이런 악재들로 인해, 조기유학의 붐은 사라지고 일부 조기유학의 수요는 국제학교와 비인가 국제학교라는 선택지로 돌아섰다. 30대 총수의 63%가 그리고 후계자의 90%가 미국 유학파 출신이고 후계자의 경우는 초등학교, 중학교 졸업 이후에 조기유학을 시작한다고 한다.

제주, 송도 등에 국제학교들도 많이 생겼다. 미국, 캐나다를 가지 않아도 유창한 영어를 익힐 수 있게 됐다. 그래서 2010년 이후 조기 유학생의 수는 꾸준히 줄어들었고, 교환학생의 경우 2010년 1,400명대에서 2017년 800명대까지 줄어들었다.

조기유학의 폐해

2008년 7월 뉴욕타임스 보도처럼 최근에 상류층에 이어 중산층까지 조기유학 붐에 편승하면서 조기유학은 새로운 문제를 양산하고 있다. 이는 가족 해체 현상뿐만 아니라 경제적인 측면에서도 큰 부담으로, 중산층은 대체로 연봉의 50~80% 정도를 자녀에게 보내고 심하면 수입의 100%를 보내는 사례도 나타나고 있다. 결국, 빚을 얻어 자녀를 유학 보냈다가 자살하는 예까지 종종 발생하는 등 부작용이 심각한 수준에 이르렀다.

한국교육개발원(KEDI)의 2006년 통계자료에 따르면 해외근무자 자녀나 이민자를 제외한 조기 유학생은 2만 9천511명으로 2004년에 비해 배 정도 증가했고 2000년에 비해 무려 7배나 급증했다.

KEDI가 최근 초·중·고교의 학부모 3천600명을 대상으로 조기유학에 관한 '국민 의식과 실태에 관한 설문조사'를 실시한 결과, 학부모 3명 중 1명은 "여건이 닿으면 자녀를 조기유학 보내고 싶다"라고 응답했고, 30%는 자녀의 조기유학을 진지하게 생각해 본 적이 있는 것으로 나타났다.

(경인일보, 2008.7.26.)

경기도 조사 결과도 이와 별 차이가 없는 실정이다. 경기도 학부모의 39.3%가 조기유학을 생각하고 있으며, 이유로는 국제교육 필요 37.3%, 어학 공부 31.4%, 학교 교육의 문제점 29.3%, 남들이 보내니까 0.2%, 기타 1.8% 순이다.

(e나라지표 조기유학 변화 추이, 연도별 해외대학 유학생 수 참조)

조기유학의 장단점

조기유학의 장점은 외국어의 빠른 습득, 국제적 경험 및 안목 형성, 다양하고 질 높은 교육 경험이다. 반면 문제점으로는 첫째, 부부간의 별거 및 의사소통 단절, 외도, 이혼, 가정 해체 문제 발생. 둘째, 아버지 어머니의 역할을 제대로 수행하지 못하는 상황에 따른 부모로서의 정체성 상실. 셋째, 자녀 문제 발생(외국학교 부적응, 마약, 술, 성관계, 한국어 미습득, 오랜 외국 생활에서 오는 한국인 정체성 상실 문제, 귀국 후 국내 적응 문제 등). 넷째, 과도한 조기 유학경비 지출로 인한 가정의 복지 및 노후 생활 준비 부족 등. 다섯째, 조기유학을 하는 가족과 그렇지 못한 가족 간의 부모 세대 경제적 자본 및 사회문화적 자본이 자녀 세대에 재생산됨. 여섯째, 사회적 불안감과 위화감 조성 등이 있다.

『뉴욕에서 의사하기』의 저자는 조기유학의 대안으로 다음과 같은 방안을 제시하고 있다.

1) 조기유학(초등학교부터 대학교까지)은 보내지 마십시오. 얻는 것은 없고, 잃는 것이 너무 많습니다. 부모가 자녀들을 데리고 자주 여행을 가는 것이 조기유학보다 더 가치 있고 행복한 일일 것입니다. 또한 화목한 가정이야말로 어떠한 사교육이나 조기유학보다도 가장 확실하고, 안전하고 보장된 교육 방법이라 확신합니다. 자녀를 위한다는 조기유학은 화목한 가정을 파괴할 뿐만 아니라 아이들의 정서와 자존심까지 포기해야 합니다.

2) 자녀가 우물 안 개구리가 되는 것을 방지하기 위해 대학생이 되면, 방학을 이용해 해외여행을 보내십시오. 단, 조건이 있습니다. 계획을 세워 현지의 학생들 도움을 받도록 해야 합니다. 무작정 가는 껍데기 여행은 오히려 우월의식, 사치, 현실 기피 등 가치관의 왜곡을 가져오게

됩니다.

3) 안에서 새는 바가지를 밖으로 내보내면 막을 방도가 없습니다. 국내학교에 적응을 잘 못 하는 아이를 유학 보내면, 그 아이는 버림을 받게됩니다. 그 아이는 국제미아가 될 수밖에 없습니다.

4) 우리나라에도 잘 찾아보면 좋은 사립학교들이 있습니다. 무엇보다도 자녀가 유능한 이기주의자, 개인주의자가 되는 것보다는 인간미 넘치고 정서가 안정된 사람으로 키우는 것이 올바른 교육이라 하겠습니다.

5) 한국 학생들의 평균적인 문화 수준은 세계 1~2위를 자랑합니다. 미국에서 발표하는 교육 수준도 항상 우리나라가 1위입니다(TIME지 발표). 미국은 순위가 대략 27위 정도입니다. 한국 학생의 평균 IQ가 120 정도인 데 비해, 미국의 경우는 100을 넘지 않습니다. 우리나라 부모들이 자녀 교육에 가장 유념해야 할 것은 조기유학이 아니라, 화목한 가정을 유지하는 것과 매너 교육에 있다고 봅니다. 화목한 가정의 자녀들은 공부에 전념할 수밖에 없으며, 자신을 존중하고 격려하는 부모에게는 어떠한 자녀라도 실망을 주지 않습니다. 남에 대한 고마움과 미안함을 알고 표현하도록 매너 교육을 한다면, 조기유학에서 성공하는 극소수의 아이들보다 더 올바른 사람이 될 것입니다.

6) 첨단 분야 석·박사 유학은 미국 내 해당 분야의 top 10에 들어가는 대학교에만 보내십시오. 해당 분야 top 10 이하의 대학에서는 그리 배울 것이 없기 때문입니다.

따라서 우리나라 교육의 살길은 교육의 본질인 불평등과 차별의 심화를 막기 위해 학교 교육을 무한 경쟁체제로 만들어, 경쟁에 뒤처지는 학교, 교사는 자연 퇴출하고, 나태한 학생들은 전학의 불편을 감수하도록 해야 합니다. 학생들과 교사들, 특히 교수를 견제할 수 있는 견고한 장치를 두도록 교육부를 설득하거나 이런 철학을 가진 대통령을 뽑아야 합니다.

이것만이 기러기 아빠들의 외로운 희생을 막는 길이며, 다른 나라에서 외국인으로 소외당하는 우리 아이들에게 상처를 주지 않는 길입니다. 자식들에게 새로운 기회를 주고 싶어 하는 부모의 마음을 이해합니다. 하지만 부모의 바람을 100% 만족하는 아이는 제 경험상 1%도 안 됩니다.

(출처: 조기유학을 보내지 말아야 할 7가지 이유 중에서)

지금까지 유창한 영어습득을 위한 조기유학에 대한 허와 실을 알아보았다. 조기유학 자체는 영어습득을 위해서는 더없이 좋은 방법이지만, 그 반대급부가 상상외로 너무나 가혹했다. 가정파탄, 경제적 부담, 학생의 현지 적응의 어려움 등 이루 헤아릴 수가 없을 정도였다.

조기유학 사례 소개

필자 역시도 어린 딸과 함께 조기유학의 경험이 있어서 그 내용을 소개한다.

필자도 1997년 공무원 생활 중 해외 장기 유학(2년 과정)을 하러 가게 되어, 10개월 된 딸과 함께 가족이 필리핀으로 2년간 유학 생활을 떠나게 되었다. 1993년 인도에서 인구학을 배우면서 1년간 영어 수업을 받은 경험이 있었고, 필리핀 생활은 인도와는 비교가 되지 않는 좋은 환경이어서 가족 모두 큰 어려움 없이 잘 보냈다. 이때 10개월 된 딸아이(예지)가 함께 뜻하지 않은 조기유학을 하게 된 것이다.

거주하게 된 장소는 필리핀 마닐라 소재 케손시티(Quezon city)로 50가구가 사는 타운하우스 마을이었다. 이 마을은 필리핀 중류층이 사는 마을로 거주 환경은 비교적 좋았다. 아이들을 위한 마을 수영장이 있었고 필리핀인과 중국계 필리핀인, 한국인 가족(3가족)이 함께 거주하였다. 다른 한국인 두 가족은 마찬가지로 공무원 장기 유학자 가족으로, 우리 가족보다 1년 먼저 필리핀에 도착해서 2년을 마치고 먼저 한국으로 돌아갔다.

예지는 그 당시 다행스럽게도 함께 놀아줄 이웃집 언니들(민영, 지영)이 있었다. 한국에서 서울지역 초등학교(2학년과 3학년) 재학 중에 필리핀에 유학하여, 초등학교 수업에 잘 적응하고 있었다. 아빠의 말로는 민영, 지영이는 처음 6개월간은 아빠가 숙제를 도와주었고, 학교 선생에게 방과 후 개인과외를 했었다고 한다. 초등학생이 학교 수업에 적응하기까지는 6개월 정도의 시간과 약간의 영어 과외수업이면 충분했던 것 같다. 한국어는 엄마가 별도로 학습을 시켰던 것으로 기억한다.

어린 예지의 일과는 학습이 아닌 한국 언니들과 함께 노는 것이 주요

일과였고, 이웃집인 필리핀 주인집의 두 딸과도 잘 어울리며 생활했다. 어느 정도 말이 트이면서, 동네의 또래 꼬마들과도 함께 놀곤 했다. 집에는 필리핀 마낭(가정부)이 함께 생활했고, 마낭은 예지에게 필리핀 말(타갈로그)을 가르쳐 주는 역할을 했던 것 같다.

집에서는 한국어로 엄마, 아빠와 대화했고, 한국 언니들과도 역시 한국어를 썼다. 동네 아이들과는 영어와 타갈로그를 쓰면서 어린 나이에 3개 국어를 사용하는 다중언어 사용자가 되어가고 있었다.

저녁 시간, 잠자리에 들기 전에 그날 배운 단어들을 하나씩 손가락으로 세면서 복습했다. 그리고 아침에 일어나면 제일 먼저 침대 위에서 어제 배웠던 단어들을 손가락으로 세면서 복습한 뒤 하루를 시작했다. 앞집 개 이름 Jordan, 하늘에 있는 달 moon 등등 처음에도 단어 수가 5개 내외에서 시작하더니 점차로 단어 수가 증가했다. 처음에는 한 단어 위주로 동네 친구들과 대화하더니, 어느 순간부터는 간단한 문장을 만들기 시작했다. 동네에서는 한국 언니들, 마을 친구들과 함께 놀이에 참여하기 시작했다. 사용하는 단어와 표현들이 서서히 늘기 시작하는 것을 옆에서 지켜보기도 했다. 혼자 놀 때는 TV에서 영어 만화(cartoon)를 보면서 우유를 마시다가 잠이 들기도 했다. 카툰을 보면서 울고 웃고 하는 언어의 진보를 보이기 시작했다. 아무런 추가 학습의 인위적인 노력도 없이 자연스럽게 언어를 습득하는 모습을 보였다. 모국어와 제2, 제3의 외국어를 한 번에 습득하는 광경을 1년간 지켜보면서, 필리핀에서 유학 생활을 했다.

필리핀 이곳에서 가장 놀랐던 것은 마을 아이들이 카세트를 가지고 노래를 켜놓고 노래와 율동을 가사 없이 배우는 모습을 자주 목격한 것이다. 그 덕에 필자도 'My heart will go on'이라는 팝송을 배우는 계기가 되기도 했다.

필리핀 몬테소리 유치원 시절의 예지 활동 모습

　그렇게 1년이라는 시간이 지나고 먼저 온 두 언니네 가족이 한국으로 돌아가면서, 예지는 어려움을 맞기 시작했다. 함께 놀아주면서 사랑을 듬뿍 주던 언니들, 그 가족들과 생이별을 해야만 했다. 그 뒤로부터 예지의 활동폭은 축소되었다.

　우울한 나날을 보내던 중 옆 마을에 한국인이 산다고 주인집 아저씨가 알려주시기에, 만나보니 한국에서 온 선교사 가족이었다. 엄마는 초등학교 교사였고 예지와 같은 또래의 딸이 있었다. 다행스럽게도 두 가족은 함께 생활했고, 예지도 또래의 한국 아이와 어울리면서 즐거운 나날을 보냈다. 글자를 모르면서도 엄마가 읽어주는 책을 외어서 둘이 서로 읽기 경쟁을 하고, 두 가족이 함께 수빅만으로 여행을 가기도 했다.

　그렇게 6개월이 지날 무렵, 이 선교사 가족마저도 한국으로 돌아갔다. 이제 다시 예지는 외톨이가 되었다. 동네 아이들도 한국 애들이 가고 나자, 옛날만큼 그렇게 예지랑 잘 어울리지는 않았다.

　필리핀 생활에서 최대의 위기가 닥쳐왔고, 필자 가족은 예지를 위해 한

가지 방법을 모색했다. 예지를 필리핀의 유치원에 보내기로 한 것이다.

가족이 함께 유치원에 가서 원장을 만나서 입학을 허락해 달라고 했다. 그러자 여원장은 예지의 나이가 어려서 유치원 입학을 허락할 수 없다고 했다. 필자가 그동안의 상황을 설명하고, 친구가 한국으로 돌아가서 외톨이가 되었으니 일주일간 유치원을 다녀보고 잘 적응하면 입학을 허락해 달라고 했다.

일주일 뒤 유치원 원장과 면담했다. 원장 선생님 말씀이 예지가 나이에 비해 영어와 필리핀 말(타갈로그)도 잘 이해하는 등 유치원 수업을 소화하는 데는 문제가 없다고 하면서 흔쾌히 입학을 허가해 주셨다. 그 결과 6개월간 필리핀에서 유치원 생활을 하면서 영어와 놀이문화를 경험한 뒤 무사히 가족과 함께 한국으로 돌아올 수 있었다.

10개월 된 유아가 앞 장에서 언급한 언어습득 과정대로 1년여 만에 3개 국어를 큰 노력과 어려움 없이 습득하고, 또래의 아이들보다 수준이 높은 유치원 과정을 성공적으로 수료하는 경험을 했다.

또한, 필리핀 마을에서 아이들과 함께한 놀이문화 과정은 후에 예지가 학교생활을 하는 데 큰 도움이 되었다. 중학교 3년간 반장을 했고, 고등학교 2년간 반장과 고3 때는 대전지역 여자고등학교에서 총학생회장이 되는 데 큰 도움이 되었다. 이는 유아기의 주변 환경이 언어와 놀이문화 등에 얼마나 중요한 역할을 하는지를 보여주는 단적인 예이다.

한국으로 돌아온 뒤 필자는 대전지역에서 예지의 영어학습을 도와줄 영어유치원을 알아보기 위해 여러 군데를 방문하여 원장 선생님들을 만나서 상담했는데, 그 결과는 참담했다. 필리핀에서 6개월 다닌 유치원 수준의 영어는 거의 원어민 수준이었다. 반면 한국의 영어유치원은 영어를 흉내만 내는 수준으로, 유아용 영어 노래를 배우고 간단한 만들기/놀이 등을 하는 정도였다.

또한, 필자도 필리핀 국립대(University of the Philippines)에서 대학원을 다니면서 영어교육에 관심을 가지고 여러 권의 필리핀 영어책을 모아 보기도 하고, 현지 필리핀 대학생에게 영어 과외도 받아보았다. 심지어는 마지막 학기에 마을 근처에 있는 필리핀 고등학교에 가서 교장 선생님을 만나서 영어 수업 참관을 요청했다. 그 결과 고교 2학년과 3학년 2개 반의 영어 수업 참관을 허락받아 3개월간 현지 고등학생들과 함께 필리핀 영어 수업을 받은 적도 있었다. 아쉬운 점은 이 두 반이 모두 문법을 가르치는 반이어서 영어 수업에서 크게 감동을 하진 못했다.

그 당시 한국에서는 달리 영어 수준을 높일 수 있는 대안이 없어서, 예지는 대전광역시 둔산동에 있는 영어유치원을 다니면서 자신이 배운 놀이 방법과 언어능력을 즐기면서 시간을 보내고 있었다.

그러던 중 필자와 대학원 과정을 함께 졸업한 친구의 동생(메이)이 한국에 유학을 오고 싶다는 연락을 받았다. 메이도 필리핀 국립대를 졸업한 우수한 학생이었고, 대학원 과정 중 한 번 만나본 경험이 있기에 좋은 기회라 생각했다. 공무원인 필자가 보증을 서주고, 학비와 거처를 제공해 주었다.

메이는 예지의 영어학습을 도와줄 가정교사로 필자 집에서 함께 3년을 보냈다. 그 결과 예지의 영어 실력이 많이 향상된 것은 말할 나위가 없었다. 필자도 통계국제대회(ISI)에 간편 논문을 여러 번 발표한 적이 있는데, 이때 메이로부터 영어 발표 자료를 교정받는 등의 도움을 받은 적이 있다.

메이는 그 기간 중 호주 출신 영어 강사와 결혼을 해서 태국에 갔다가 다시 한국으로 돌아와 충남대에서 박사학위를 받았다. 현재는 필리핀 민다나오 소재 대학에서 대학교수를 하고 있다.

예지는 대학원을 졸업하고 1년간 호주에서 영어연수를 했다. 지금도 영어는 토익 930점대를 기록하고 있다. 최근 영어시험 과목에 말하기가 생기면서 특히 발음이 약한 한국 학생들이 많은 어려움을 겪고 있다. 그런데도 특별한 추가 노력 없이 고득점이 가능한 것은 어린 시절 좋은 환경에서 습득한 영어 발음과 듣기 능력 덕분이라는 생각이 든다.

유치원과 초등학교 저학년 시절에 가정교사 메이로부터 배운 영어학습 덕분인 것 같다. 한 가지 아쉬운 점은 당시 나이가 어려서 수준 높은 문장 구조에 대한 학습 기회가 부족했던 것 같다. 그래서 필자는 최근 뒷장에서 언급할 영어 동사 25형을 예지와 함께 읽어보면서, 추가 학습을 해보기를 권한 적이 있다.

실천 과제

신나는 유치원 영어 노래나 팝송을 2~3곡 배워보자. 발음과 박자를 느끼면서 내 노래로 만들어 보자.

3
한국인에게 영어는 난공불락의 성인가?

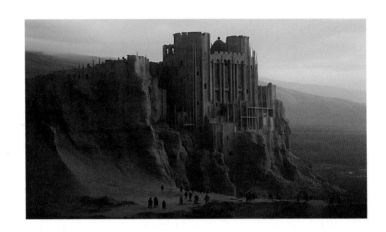

앞장에서 우리는 어린 시절 영어습득에 가장 좋은 대안 중 하나인 조기 유학의 실태와 필자 가족의 조기유학 경험을 알아보았다. 영어를 원어민과 같은 수준으로 자연스럽고 유창하게 할 수 있는 최적의 방법은 언어습득을 위한 좋은 환경에서 아동의 뇌의 언어습득장치(LAD)가 가장 활발하게 활동하는 시기에 자연스러운 영어습득을 하거나, 이것이 안 될 경우는 외국어 학습 방법을 통해서 효율적으로 영어습득을 하는 것이다.

외국에 조기유학을 못 가는 절대다수의 한국 학생이 선택할 수 있는 대안은 무엇인가? 유치원과 학교에 다니면서 영어를 접하고, 학원과 각종 인터넷 그리고 일부는 원어민 강사를 통해서 영어를 배운다. 이렇게 다양한 방법으로 초등학교 아니 그 이전부터 영어를 접하고 배우기 시작하는데 왜 원어민과 함께하면 2년이면 되는 영어학습이 국내에서는 10년이 지나도 형성되지 않는 것인가?

영어 발음의 중요성

언어에서 가장 중요한 것이 발음이다. 유아가 단어의 정확한 발음을 듣고, 들은 단어를 정확히 발음할 수 있어야 비로소 말을 시작하고 대화가 되는 것이다. 우리는 모국어를 습득하는 과정을 통해서 말을 배우고, 유치원과 초등학교를 거치면서 읽기와 쓰기를 배우면서 모국어를 학습한다.

마찬가지로 영어학습도 알파벳을 익히고, 발음을 배우고 단어를 암기한다. 학교에서 문장을 배우고, 읽기와 쓰기를 하면서 영어 실력을 늘려왔다. 이 영어학습 과정에서 우리 한국인에게는 치명적인 문제가 있다. 한글에는 존재하지 않아서, 우리가 모국어를 배우는 과정에서 들어본 적도 없고, 발음을 접해본 적도 없는 철자가 영어에 존재하는 것이다.

대표적으로 순경음(V, F), TH(ð, θ), Z 발음 또한 비슷하기는 하지만 구별이 안 되는 B와 V, P와 F, L과 R 등이 있다.

참고로 뇌과학자의 말에 의하면 "우리 뇌가 새로운 사물과 소리를 식별하는 과정은 뇌가 반복적으로 그 사물을 보고 소리를 듣는 과정을 통해서 그 사물과 소리에 동화되어야만, 즉 우리 뇌가 인식할 수 있어야만 그 소리가 구분되고 사물이 식별된다"라는 것이다. 여담으로 산에 가면 길가에 수많은 풀이 있는데, 아무것도 모를 때는 모두 잡초이지만 학습을 해서 약초인 도라지, 잔대, 산삼 등의 약초를 구별할 수 있을 때, 비로소 심마니가 되어서 필요한 약초를 발견하고 구별해서 캘 수 있는 것이다.

태어나서 들어보지 못한 소리는 모두 소음이며, 식별이 안 되는 문자는 모두 낙서인 것처럼, 영어학습에서 일부 철자의 발음은 우리 한국인들에게는 들어본 적이 없는 소음이 되므로, 아무리 발음하려고 노력해도 흉내는 내지만 정확한 발음을 할 수 없다. 그래서 영어 대화를 듣기도 힘들고 발음은 더더욱 할 수 없는 애물단지가 되는 것이다. 이런 난해한 소리를 원어민처럼 듣고 말하기 위해서는 귀가 맑은 어린 시절에 외국에 가서, 원어민의 소리를 듣고 말하기를 배워서 유창하게 언어를 하고자 하는 것이 '조기유학의 목적'이다.

한국인이 영어 발음을 제대로 못 하게 된 이유

왜 이런 현상이 생긴 것일까? 신숙주 선생이 쓰신 『동국정운(東國正韻)』 서문에 보면, 정음(正音) 28자로 만든 훈민정음(訓民正音)을 사용하면, "어디를 가도 통하지 않는 곳이 없어서 비록 바람 소리와 학의 울음이든지, 닭 울음소리나 개 짖는 소리까지도 모두 표현할 수 있게 되었다"라고 하였다. 여기서 훈민정음은 우리가 너무도 잘 아는 세종대왕이 창제하신 우리글의 발음기호이며, 동국정운은 훈민정음을 바탕으로 만든 우리글 사전이다. 훈민정음은 알아도 동국정운을 모르는 대한민국 사람들이 의외로 많다.

　지구상의 모든 소리를 구현할 수 있다는 훈민정음을 쓰는 우리가 왜 그리 쉬운 언어인 영어의 기본 발음조차 못 하는 것일까? 그러면 지금 우리가 쓰고 있는 한글과 훈민정음은 과연 무엇이 다른가?

　한글은 일제 강점기에 일제가 훈민정음을 일본어 체계에 맞게 만들기 위해 1912년 '보통학교 철자법 개정'이라는 개악(改惡)을 시행한 결과이다. 그 주역은 일본인 한국어 2급 통역관 출신인 고쿠부 쇼타로이며 그 주요 내용은 아래와 같다.

　1) 아래아(·), 'ㅿ', 'ㆁ', 'ㆆ' 폐지

　2) 한 글자 받침은 'ㄱ, ㄴ, ㄹ, ㅁ, ㅂ, ㅅ, ㅇ'만 인정

　3) 두 글자 받침은 10개만 사용 인정

　4) 설음(舌音) 자음 ㄷ, ㅌ과 ㅕ, ㅑ의 결합 불인정

　5) 외국어 사용에 필요한 병서(竝書), 연서(連書), 합용(合用) 원칙의 사용
　　금지

즉 훈민정음은 소리를 따라 적고(正音), 표음문자와 표의문자를 자유롭게 활용하는 언어이다. 병서(竝書), 연서(連書), 합용(合用)이라는 자음 법칙과 28개 자모를 이용하여, 자연의 모든 소리를 표현할 수 있는 발음 체계이다.

훈민정음은 세종대왕께서 범어(산스크리트어), 티베트어 등에 능한 신미대사, 신숙주 등의 도움을 받아서 조선의 글자인 한자의 발음을 표준화한 것이다. 또한, 한자는 우리 선조인 동이족이 만든 글자이다. 이는 고대문명 국가인 무(Mu)제국 언어인 산스크리트(신성한 언어)의 50 자모를 단군 시대에 한자를 만들 때 사용한 정음 38자 중에서 28자를 추려내어 창제되었다. 자연의 법칙인 음양오행(陰陽五行)의 원리를 이용하는 木(牙), 火(舌), 土(脣), 金(齒), 水(喉)와 反舌音(R발음), 半齒音(Z발음)을 이용한 사성 칠음(四聲七音)의 발음 체계이다.

한자(漢字)는 고조선 3세 가륵(嘉勒) 단군 시절에 정음(正音) 38자를 기반으로 산스크리트(범어)를 음과 뜻으로 만든 글자 체계이다. (즉 동이의 어원은

산스크리트어 뚱이(tungi)가 한자음 동이(東夷)로 변환된 것이지, 동쪽의 오랑캐가 아니라 뛰어난, 탁월한, 이치를 깨달은 민족이라는 뜻)

그림 3-1 정음 38자

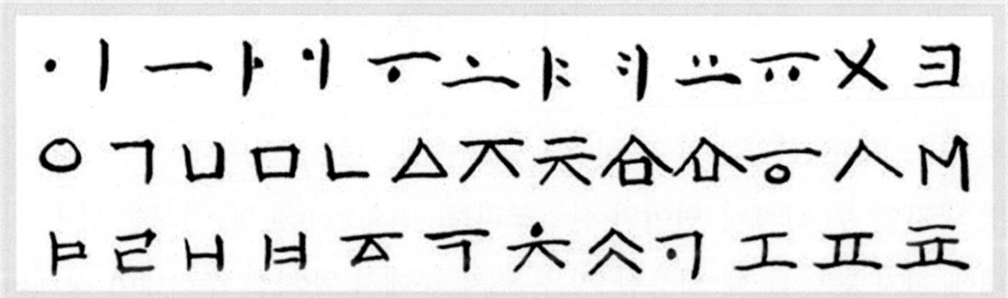

가림토 : 정음正音 38자

일본어도 9세기 산스크리트를 기반으로 언어 발음 체계를 만들었으나, 산스크리트어에 대한 기본 지식이 부족하고 언어 체계를 모르는 일개 중이 만든 관계로 받침이 안 되는 현재 언어 체계가 된 것이다. 중국도 우리의 한자를 빌려서 사용했지만, 창제 원리와 사용법 등에 무지하여 현재처럼 받침을 제대로 구사하지 못하는 언어로 전락하였다. 이러한 일본이 식민 통치를 위해 우리 훈민정음을 일본식 언어로 개악(改惡)해서 영어 발음도 제대로 못 하는 언어를 만든 결과이다. (맥도날드를 마그도나르도라고 발음하는 세계에서 영어를 제일 못하는 나라 중 하나인 일본)

그림 3-2 실담어

실담어(悉曇語) SIDDHAM

1.아 a	2.아^ a^	3.이 i	4.이^ i^	5.우 u	6.우^ u^	7.에 e	8.에^ e^	9.오 o	10.오^ o^
11.암 am	12.악 ah	13.르 r	14.르 r^	15.르 l	16.르^ l^	17.카 ka	18.가 kha	19.가 ga	20.가 gha
21.나 na	22.자 ca	23.차 cha	24.자 ja	25.짜 jha	26.자 jha^	27.따 t'a	28.따 t'ha	29.다 da	30.다 d'ha
31.나 na	32.타 ta	33.티 Tha	33.다 da	35.다 dha	36.나 na	37.빠 pa	38.파 pha	39.비 ba	40.빠 bha
41.마 ma	42.이 ya	43.라 ra	44.라 la	45.빅 va vac vak	46.사 s^a	47.사 sha	48.사 sa	49.하 ha	50.그서 ksa

정확한 영어 발음을 구사하기 위한 새로운 시도

그러면 이런 상황에서 현재 일본식으로 개조된 한글을 쓰고 있는 우리가 어떻게 정확한 영어 발음을 낼 수가 있겠는가?

경술국치 후 일제는 조선의 모든 역사 서적을 닥치는 대로 수집하여, 중요한 책들은 일본으로 가져가고 나머지는 불태우는 만행을 저질렀다. 이 와중에 수십만 권의 귀중한 책들이 소실되었다. 그 와중에도 다행히 융희 2년(1908년) 지석영/전용규 선생이 만든 조선시대 영어사전인 아학편(兒學編)이 살아남았다. 이 책은 다산 정약용 선생이 저술한 아동용 한자 학습서를 기반으로, 훈민정음의 발음 체계를 이용하여 지금보다 훨씬 정확한 영어 발음의 구사가 가능한 훈민정음식 영어사전이다.

이 사전의 훈민정음식 발음법을 이용하면, 한글에서 발음할 수 없는 영어 발음의 원어민식 발음이 가능하다.

즉 b(ㅅㅂ), d(ㅅㄷ), f(ㅇㅍ), g(ㅅㄱ), z(ㅇㅈ), l(을ㄹ), r(ㅇㄹ), v(ㅇㅂ), th(ㅇㄷ 또는 ㅇㅅ) 등이 있다. 훈민정음의 외국어 관련 문법인 연서(連書)법과 합용(合用)법을 활용하여 영어의 모든 발음을 원어민처럼 구사할 수가 있는 것이다.

우리 대한민국은 일제 강점기라는 슬픈 시기를 보내면서, 국가가 망하는 슬픔을 경험했고, 더 나아가 민족의 뿌리인 역사가 사라지는 아픔을 겪기도 했다. 비록 36년간의 기간이었지만 1만 년이 넘는 우리의 장구한 역사를 일본에 맞추어 단군조선 이전은 모두 신화로 만들어 버렸다. 그 결과 일본은 우리 한민족 역사의 장점을 모두 제거해 버린 식민사관을 만들어 우리 민족혼을 없애려 했지만, 해방과 함께 우리 국가가 살아나고 수많은 어려움을 이겨내고 선진국의 반열에 올라가는 기염을 토했다.

그러나 많은 부분에서 아직도 일제가 만든 식민사관에서 헤어 나오지 못하고 있다. 지금까지도 역사 분야는 일제가 만든 식민사관을 계속 고집하고 있으며, 우리가 쓰는 글조차도 일제가 훈민정음을 개악해서 만든 한글을 훈민정음이라고 착각하면서 사용하고 있어서 대다수 대한민국 국민은 영어교육에서 절름발이 행세를 해오고 있다.

여기서 일제 마지막 총독 아베 노부유키가 조선인에게 한 소름 돋는 예언을 들어보자. "일본은 무너졌지만, 조선은 승리한 것이 아니다. 내가 장담하건대, 조선인들이 다시 제정신을 차리고 찬란하고 위대했던 옛 조선의 영광을 되찾으려면 100여 년이라는 세월이 훨씬 더 걸릴 것이다. 우리 일본은 조선인들에게 총과 대포보다 더 무서운 식민교육을 심어놓았다. 결국 조선인들은 서로 이간질하며 노예적인 삶을 살 것이다. 보아라! 실로 옛 조선은 위대하고 찬란했으며 찬영(燦榮) 했지만, 현재의 조선은 결국은 식민교육 노예들의 나라로 전락할 것이다. 나 아베 노부유키는 다시 돌아올 것이다."

지금 우리나라에서 벌어지는 일들이 이 예언과 너무나도 잘 맞아 들어가고 있다. 해방된 지 약 80년이 지났건만 아직도 일본 식민사관을 고수하고, 그에 따라 행동하는 국내의 많은 사람을 볼 때마다 가슴이 아프고 섬뜩함을 느낀다. 그래서 우리 언어부터 식민사관에서 벗어나고자 하는 마음으로 이 책을 쓰면서, 제대로 된 훈민정음식 영어강의를 해보고자 오늘도 노력한다.

식민사관을 만들고 시행한 조선의 마지막 총독의 이 짧은 문장에서 두 번이나 강조한 사항인 '실로 위대하고 찬란한 조선의 영광'을 되찾는 노력의 하나로 식민사관에 의한 한글식 영어가 아닌, 찬란하고 영광스러운 훈민정음식 영어를 도입해서 써보자는 취지이다.

훈민정음의 모태는 산스크리트어이다

우리 글의 발음기호인 훈민정음을 알기 위해서는 훈민정음의 모태가 된 언어를 먼저 알아보자. 그 언어가 바로 지구상의 최초 언어인 산스크리트어(Sanskrit) 즉 범어(梵語)이다. 산스크리트어는 인도, 유럽 어족 가운데 인도, 이란어 파에 속하는 옛 인도 아리아의 말이다. 전 인도의 고급 문장어로 오늘날까지 지속하는데, 불경(佛經)이나 고대 인도 문학은 산스크리트어로 기록되었다.

인류 최초로 산스크리트어를 사용한 국가는 바로 잃어버린 대륙인 무(Mu)이다. 무대륙은 기원전 7만 년경에 남태평양에 존재했으며 서쪽으로 일본의 오키나와 요나구니섬에서 동쪽으로 칠레의 이스터섬까지 이어지며, 북으로는 하와이 제도와 남으로는 뉴질랜드 북쪽 해안과 인접하는 중국 면적의 2배에 달하는 대륙이다. 이 거대한 대륙에는 태양을 숭배하는 10개 부족 연맹체로 인구는 6천400만 명에 달하는 고도로 발달한 문명 국가가 존재했다. 그들은 항해술이 고도로 발달하여 전 세계의 모든 해양을 항해했다고 한다. 그들의 사용 언어가 산스크리트어(Sanskrit)였다. 기원전 12,000년경 화산폭발과 지진 등의 지각변동으로 무대륙이 태평양 한가운데에 가라앉았다. 대륙이 사라지면서 생존자들이 훗날 아시아, 마야, 잉카문명의 원류가 되었다.

무대륙의 존재에 대한 회의론이 강하게 대두되던, 1992년 일본 오키나와 요나구니섬 남쪽 해저에 어마어마한 제단이 발견되었다. 이는 잉카 제국의 문명과 유사한 것으로 판명이 나면서, 무대륙의 존재가 확실히 입증되는 계기가 되었다. 인간의 얼굴 모습을 한 거대한 석상인 이스트섬의 모아이와도 유사하다고 판명되었다. 이때 사용된 암석들은 발생연대가 최소 1만 년 전에 생성된 것으로 판명되었다.

세종대왕께서 훈민정음을 창제하실 때 사용했던 옛글자가 바로 기원전 2181년 고조선 3대 단군이신 가륵(嘉勒) 단군 때 삼랑 을보륵이 만든 정음 38자인 가림토 문자이다. (檀奇古史)

정음 38자는 가림토 문자로서 산스크리트어를 한자로 변환할 때 사용했던 발음기호로 추측되며, 이를 바탕으로 한자의 부수가 만들어지고 표준음이 결정된 것으로 보인다. (필자 생각)

국내에는 언어학자와 국어학자는 많지만, 훈민정음이 한자의 표준발음 기호이고, 산스크리트를 기반으로 한자가 만들어졌으며, 그 표준발음으로는 정음 38자가 사용되었다고 생각하는 학자는 아마도 대한민국에는 거의 없을 것으로 생각한다. 한자도 제대로 모르는데 산스크리트를 공부할 생각은 꿈에도 못 했을 것이다. 이것이 바로 대한민국의 강상원 박사님이 언어학 분야에서는 보배 중의 보배인 이유이다.

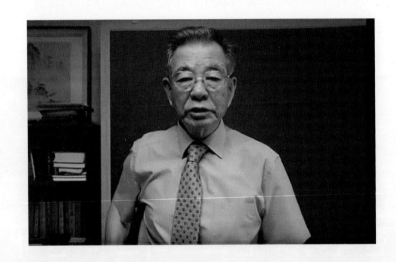

필자가 훈민정음에 관하여 관심을 가지게 된 것은 50세가 넘은 나이에 강상원 박사님을 유튜브에서 만나면서부터이다.

강 박사님은 동국대학교에서 철학 박사학위를 받으셨으며, 훈민정음과 실담어(산스크리트어) 연구에 본인의 평생을 바치신 분이다. 강 박사님께서는 한국 토속 사투리는 동서 언어의 뿌리인 범어(산스크리트어)임을 밝혀내셨다. 범어의 근원을 알아야 훈민정음의 창제 원리를 알 수 있다고 하셨다. 한국인의 한자 발음 원리는 산스크리트어와 일치하며, 훈민정음의 가나다라는 산스크리트어의 가나다라와 일치한다고 하셨다. 영어도 원래 앗시리아 민족의 것이며, 우리 민족이 동이족(東夷族)이라는 표현에서 동이의 어원을 알게 해준 분이다.

훈민정음으로 제대로 된 영어 철자 발음하기

앞에서 말한 현재의 한글에서 존재하지 않는 영어 철자 발음인 b(ㅅㅂ), d(ㅅㄷ), f(ㅇㅍ), g(ㅅㄱ), z(ㅇㅈ), l(을ㄹ), r(ㅇㄹ), v(ㅇㅂ), th(ㅇㄷ 또는 ㅇㅅ)의 훈민정음식 발음법을 알아보자.

먼저 영어 V를 발음에 대해 알아보자. V는 순경음으로 유성음이며, 발음하는 순서는 ① 윗입술을 약간 들고 ② 윗니를 아랫입술에 살짝 대고(꽉 물지는 말고) ③ 공기를 윗니와 아랫입술 사이로 통과시키면서, 성대를 떨어준다. 흉내를 내는 입 모양과 발음이 매우 불편함을 알 수 있다.

V는 훈민정음에는 '봉'로 표기한다. 'ㅂ' 아래에 'ㅇ'이 오는 형태로 표기하지만, 실제로 발음할 때는 'ㅇㅂ'로 'ㅇ' 발음을 먼저하고 'ㅂ' 발음을 하는 방식이다. 자, '으'를 앞에 붙이고 발음을 해보자. 입 모양이 만들어지면서, 쉽게 발음이 된다. 제대로 된 영어의 V 소리가 나는 것을 알 수 있다. 이것이 훈민정음식 연서법 발음이다.

다음의 단어를 발음해 보자. vegetable(ㅇ베쥐터블). 놀랍지 아니한가. 아무리 해도 발음이 잘 안 되던 순경음인 V 발음이 훈민정음 연서법으로 발음을 하니 거짓말처럼 발음이 된다. 참으로 신기할 따름이다.

다음은 F 발음이다. 원리는 V 발음과 같지만, 무성음이므로 공기만 윗니와 아랫입술 사이로 통과시키면 된다. 이때도 아랫입술을 윗니에 대면서 강하게 소리가 터져 나오는 발음이다. 앞의 장에서 발음 시 유성음과 무성음의 구분은 12세까지 가능하며, 그 이후에는 LAD 기능의 소멸로 구분이 어렵다는 것을 언급한 바 있다. 다음의 단어를 발음해 보자. female(ㅇ피메일). F 발음 역시 훈민정음 연서법으로 해결이 되었다.

　이제 우리가 할 일은 무엇인가? 앞장에서 우리 뇌는 "새로운 소리를 듣거나 사물을 보게 되면, 그 소리나 사물을 인식하기 위해서 반복을 통해서, 숙지가 될 때까지 즉 인식될 때까지 반복해서 습득하는 절차를 진행한다"라고 언급한 적이 있다. 즉 유아가 소리를 듣고 인식이 될 때까지 듣기를 반복하며, 인식된 소리는 옹알이를 통해서 말하기를 반복한 뒤, 약 1년이 지나면 비로소 발음할 수 있게 되는 것이다. 유아들이 엄마, 아빠 등의 생애 첫소리가 나오는 과정이다.
　이제 우리는 F와 V 소리를 발음하는 방법을 배웠다. 이를 반복적으로 소리를 내고, 듣고 말하고, 원어민의 발음 소리와 비교를 하면서 동조를 시키는 과정이 필요하다. 개인차가 존재하며 1주일 또는 한 달, 심지어는 6개월 아니 1년이 걸릴 수도 있다. 우리가 모국어를 배웠던 방법처럼 말이다.

필자가 학생들을 시켜보니 금방 그 자리에서 어렵지 않게 발음하는 것을 본 적이 있다.

영어의 Z 발음은 훈민정음의 반치음(ㅿ)을 활용하면 되지만, 지금은 소멸한 글자이므로 언어학자와 국어학자들의 노력이 필요한 부분이다. 그러나 앞에서 활용한 연서법을 이용하면 발음이 된다. 즉 '으'로 입을 넓게 벌리고 혀를 평평하게 해서 '즈으으~' 라고 성대를 울리면서 발음하면, 원어민의 Z 발음이 완성된다. 여러분도 각자 Z 발음을 해보길 바란다. 반치음인 Z 발음도 역시 연서법을 활용해서 해결되었다. 어떤가, Z 발음도 훈민정음식 발음으로 쉽게 해결되지 않는가?

다음은 R 발음이다. R은 훈민정음의 반설음(半舌音)이다. 이 또한 연서법을 활용하여 'ㅇㄹ'로 발음하면 된다. 참고로 중국어에서는 R 발음은 권설음(捲舌音), 즉 혀를 비트는 발음이다. 혀 상단을 구부려서 발음한다. 즉 '으' 발음을 통하면, 입안의 구조가 혀가 구부리기 편하다는 것을 알 수 있다. 혀가 입천장에 닿지 않도록 '으르'하고 발음하면 R 소리가 난다. R 발음도 역시 어렵지 않게 해결되었다.

그러면 R과 구분하기 어려웠던 L 발음을 내보자. L 발음은 우리가 '랄랄라' 할 때 나는 발음이다. 즉 현재 쓰는 한글에는 L 발음이 존재하고, 일본어에는 R 발음이 존재하지만, 중국어에는 L과 R이 모두 존재한다. 이때 혀는 구부리지 말고 쭉 펴서 혀끝을 입천장에 붙여 주면서 발음한다. 또한 이 발음을 내기 위해서 L 앞에 '을' 발음을 추가해 주면 발음이 쉽게 나오는 것을 알 수 있다. 자, 다음 단어를 발음해 보자. LIVE(을라이브), ROAD(으로우드) 등. 이제 L과 R 발음이 구별되는 것을 느낄 수 있을 것이다.

이제는 B와 V를 구별해 보자. V는 'ㅇㅂ' 발음으로 연서법을 활용하고, B는 합용법인 'ㅅㅂ'로 'ㅂ' 앞에 'ㅅ' 발음을 추가해 주면 쉽게 발음이 되는 것을 알 수 있다. 다음의 단어를 발음해 보자. bible(ㅅ바이ㅅ블), vital(ㅇ바이틀). 큰 어려움 없이 B와 V가 발음되는 것을 알 수 있을 것이다.

다음은 F와 P 발음이다. F는 연서법 'ㅇㅍ'로 발음하고, P는 그냥 '프'로 발음하면, 어려움 없이 구분된다. 다음의 단어들을 발음해 보자. fashion(ㅇ패션), passion(패션).

이제 마지막으로 TH 발음을 해보자. TH는 두 가지 발음으로 유성음 /ð/와 무성음 /θ/로 발음된다. 발음하는 방식은 ① 혀를 두 치아 사이로 빼내서 ② 앞 윗니와 아랫니 사이에서 혀를 살짝 깨물어 주면서 ③ 혀를 안으로 당기면서 발음한다. /ð/는 [ㅇ드], /θ/는 [ㅇ스]로 발음한다. 즉 'ㅇㄷ'와 'ㅇㅅ'로 발음한다. 이때도 연서법 '으'를 함께 사용하면 쉽게 발음됨을 알 수 있다. 실제 소리를 내면서 발음하면 쉬운데, 글로 써서 설명하려니 어렵게 느껴지는 발음이다. 여러분도 한번 해보길 바란다. 앞의 발음들처럼 어렵지 않게 발음이 됨을 알 수 있다. 다음의 단어를 발음해 보자. there(ㅇ데어), month(먼ㅇ스).

이 발음법은 융희 2년(1908년) 지석영/전용규 선생이 지은 훈민정음식 영어사전인 아학편을 인용한 발음법임을 다시 한번 강조한다. 아학편은 이러한 방식을 이용해서 2,000여 개의 영어단어를 훈민정음식 발음으로 실제 구현한 구한말 조선에서 영어를 보급하는 도구였다.

필자가 48년 동안 고생하면서 고민했던 어려운 영어 발음을 이 방식으로 모두 해결할 수 있음을 경험하고, 놀라움을 금치 못하고 있다. 즉 영어의 발음 방식에 훈민정음 방식을 합치면 모든 발음이 가능해진다. 이런 쉬운 방식이 일본에 합병되기 전인 구한말에 존재했었는데 소위 한글 학자, 언어학자라는 사람들은 왜 아무것도 모르고 있으며, 아무런 노력도 하지 않고 있는가? 아니면 알면서도 모른 척해 왔다는 것인가? 대한민국의 수백만 아니, 수천만 국민이 영어로 고통을 받고 있는데 말이다. 참으로 이해할 수 없는 처사이다. 이것이 일제 총독이 말한 미래가 없는 대한민국의 모습인가?

다음 장에서는 영어의 알파벳을 검토하면서 기본 발음의 원리와 남은 훈민정음과 관련된 내용을 검토하고자 한다.

실천 과제

이 장에서 알게 된 한글에 없는 영어 발음과 구별이 어려운 자음을 내 것으로 만들어 보자. 하루 5회 반복으로 일주일 만에 완전한 나의 훈민정음식 영어 발음을 완성하자.

part
2

영어 어휘와
평생 문장패턴,
이렇게 하면 빠르다!

4
정확한 알파벳 발음, 훈민정음으로 완성하자

앞장에서 우리는 기적의 훈민정음식 영어 발음법을 알아보았다. 우리 한국인의 영어학습에 있어 영원한 숙제요, 최고의 난제가 해결되었다. 이제부터는 영어의 알파벳 기초 발음의 이해와 원리의 숙지를 통해서 제2의 모국어로 만드는 작업을 시작한다.

영어의 알파벳은 A~Z까지 26자이고 이중 모음은 A, E, I, O, U이며 보조 모음으로 W, Y가 있다. 모음의 기본 발음은 아(A), 에(E), 이(I), 오(O), 우(U)이며, 한글에서 많이 사용하는 모음인 '어'와 '으'의 발음은 없다. 그러면 영어는 어떻게 이를 극복하는가? 기본적으로 영어단어에서 모음에 악센트가 없으면 해당 모음이 '어'나 '으'로 발음이 바뀌는 경향이 있다.

다음장의 표는 모음에 악센트가 없을 때는 [어/ə]나 [으]로 사용된 단어들이다. 특히 모음이 단어 맨 앞에 왔을 때는 발음이 거의 들리지 않는 경우가 많다.

표 4-1 악센트가 없는 모음의 발음

모음	악센트가 없는 경우의 사례
A	again(어게인), alike(얼라잌), amount(어마운트)
E	butter(ㅅ버러), letter(을레러), matter(매ㅇ러), mercy(머어시), model(마들)
I	admiration(앳머레이션), business(ㅅ비ㅇ즈니스), direct(더ㅇ렉트), inspiration(인스퍼ㅇ레이션)
O	mirror(미ㅇ러어), visitor(ㅇ비ㅇ지러)
U	culture(컬처어), support(서포엇)

영어 모음의 발음 체계

영어의 모음은 다섯 개이며 표 4-2 에서 보는 바와 같이 다양한 발음 체계를 가지고 있다.

모음 A는 네 가지의 발음이 있다.

첫째, [아/ɑ/] 발음은 악센트가 있으며 다음에 오는 자음 r인 경우의 발음이다. 예로는 farm, market, mars, park 등이 있다.

둘째, [애/æ/] 발음은 미국영어에서 모음에 악센트가 있을 때 오는 발음이다. 예로는 advertise, bag, cap, fact 등이 있다.

셋째, [어/ə/] 발음은 모음에 악센트가 없는 약한 발음이다. 예로는 afraid, again, ago, alike, amount 등이 있다.

넷째, [에이/ei/] 발음은 모음에 악센트가 있는 강한 발음이다. 예로는

age, cable, case, famous, pace 등이 있다.

모음 E는 세 가지의 발음이 있다.

첫째, [어/ə/] 발음은 모음에 악센트가 없는 약한 발음이다.

예로는 butter, letter, lower, matter 등이 있다.

둘째, [에/e/] 발음은 악센트와 상관이 없는 비교적 강한 발음이다. 예로는 edge, education, energy, stress, test 등이 있다.

셋째, [이/i/] 발음은 모음에 악센트가 없는 약한 발음이다.

예로는 believe, design, effective, environment 등이 있다.

모음 I는 네 가지의 발음이 있다.

첫째, [아이/ɑi/] 발음은 모음에 악센트가 있는 강한 발음이다. 예로는 climate, decline, ice, side, smile 등이 있다.

둘째, [어/ɜ/] 발음은 자음 R과 함께 쓰이며 악센트가 있는 강한 발음이다. 예로는 first, sir 등이 있다.

셋째, [어/ə/] 발음은 모음에 악센트가 없는 약한 발음이다.

예로는 admiration, direct, inspiration 등이 있다.

넷째, [이/i/] 발음은 모음에 악센트가 있는 강한 발음이다.

예로는 basis, bitter, dip, skill, split 등이 있다.

모음 O는 일곱 가지의 발음이 있다.

첫째, [아/ɑ/] 발음은 모음에 악센트가 있는 강한 발음으로 미국식에서만 쓰이는 발음이다. 영국식은 오/o/로 발음한다.

예로는 hop, hot, lock, pop, top 등이 있다.

둘째, [어/ə/] 발음은 모음에 악센트가 없는 약한 발음이다.

예로는 doctor, mirror, visitor 등이 있다.

셋째, [어/ʌ] 발음은 모음에 악센트가 있는 강한 발음이다.

예로는 come, honey, some 등이 있다.

넷째, [어/ɜ] 발음은 R과 함께 쓰이는 모음에 악센트가 있는 강한 발음이다. 예로는 word, work, world, worry 등이 있다.

다섯째, [오, 어/ɔ] 발음은 여기서는 아래아(·)의 오/ɔ/ 발음으로 모음에 악센트가 있는 강한 발음이다. 예로는 born, horn, form, soft 등이 있다.

여섯째, [우/u] 발음은 모음에 악센트가 있는 강한 발음이다. 예로는 do, tomb, to 등이 있다.

일곱째, [오우/ou] 발음은 모음에 악센트가 있는 강한 발음이다. 예로는 home, go, old, open, so 등이 있다.

모음 U는 여섯 가지의 발음이 있다.

첫째, [어/ʌ] 발음은 모음에 악센트가 있는 강한 발음이다.

예로는 burn, culture, support, ugly, upset 등이 있다.

둘째, [우/u] 발음은 모음에 악센트가 있는 강한 발음이다.

예로는 blue, flu, full, put 등이 있다.

셋째, [유/ju] 발음은 모음에 악센트가 있는 강한 발음이다. 예로는 excuse, mute, produce, unity, university 등이 있다.

넷째, [아/ɑ] 발음은 모음에 악센트가 있는 강한 발음이다.

예로는 buy, guide, guy 등이 있다.

다섯째, [에/e] 발음은 모음에 악센트가 있는 강한 발음이다. 예로는 bury가 있다.

여섯째, [이/i] 발음은 모음에 악센트가 있는 강한 발음이다. 예로는

business, busy 등이 있다.

모음에서 특이한 것은 /ɔ/ 발음으로 오와 어로 발음 나는데 이는 일제 강점기에 없어진 훈민정음의‵·′아래아와 발음이 같다. 예로는 '어서 오세요'의 제주도 방언인 '혼저옵서'에서 혼저옵서로 발음이 되고, 다른 경우 '어'로 발음된다. 영어에서는 dog(독), law(을러), paw(퍼) 등이 이 예이다.

표 4-2 영어 모음의 발음 체계표

모음	발음	발음 예제 단어들
A	[아/ɑ/]	farm, market, mars, park, start
	[애/æ/]	advertise, bag, cap, fact, pack
	[어/ə/]	afraid, again, ago, alike, amount
	[에이/ei/]	age, cable, case, famous, pace
E	[어/ə/]	butter, letter, lower, matter
	[에/e/]	edge, education, energy, stress, test
	[이/i/]	believe, design, effective, environment
I	[아이/ɑi/]	climate, decline, ice, side, smile
	[어/ɜ/]	first, sir
	[어/ə/]	admiration, direct, inspiration
	[이/i/]	basis, bitter, dip, skill, split
O	[아/ɑ/]	hop, hot, lock, pop, top
	[어/ə/]	doctor, mirror, visitor
	[어/ʌ/]	come, honey, some
	[어/ɜ/]	word, work, world, worry
	[오,어/ɔ/]	born, horn, form, soft
	[우/u/]	do, tomb, to
	[오우/ou/]	home, go, old, open, so

	[어/ʌ/]	burn, culture, support, ugly, upset
U	[우/u/]	blue, flu, full, put
	[유/ju/]	excuse, mute, produce, unity, university
	[아/ɑ/]	buy, guide, guy
	[에/e/]	bury
	[이/i/]	business, busy

보조 모음 발음 체계

영어에서의 보조 모음은 두 가지로 W, Y가 있다.

보조 모음 W는 두 가지의 발음이 있다.

첫째, [우/u/] 발음은 다른 모음과 같이 쓰이는 약한 발음이다. 예로는 blow, crowd, crown, drowsy, follow 등이 있다.

둘째, [우/w/] 발음은 웨이, 워, 위 등의 형태로 나타나는 발음이다. 예로는 awake, power, walk, witness 등이 있다.

표 4-3 **영어 보조 모음의 발음 체계표**

모음	발음	발음 예제 단어들
W	[우/u/]	blow, crowd, crown, drowsy, follow
	[우/w/]	awake, power, walk, witness
Y	[아이/ɑi/]	apply, fly, sky, type, typhoon
	[이/i/]	baby, candy, company, physics, pyramid
	[야,여/j/]	royal, yard, yesterday, young, youth

보조 모음 Y는 세 가지의 발음이 있다.

첫째, [아이/ɑi/] 발음은 강한 모음이나 약한 모음으로 쓰인다. 예로는 apply, fly, sky, type, typhoon 등이 있다.

둘째, [이/i/] 발음은 약한 모음이나 강한 모음으로도 쓰인다. 예로는 baby, candy, company, physics, pyramid 등이 있다.

셋째, [야, 여/j/] 발음은 다른 모음 앞에서 다른 모음과 함께 쓰여 복모음 역할을 한다. 예로는 royal, yard, yesterday, young, youth 등이 있다.

영어 자음의 발음 체계

영어의 자음은 19개이며 표 4-4 에서 보는 바와 같이 다양한 발음 형태를 가지고 있다. 하나씩 차례로 알아보자.

자음 B는 훈민정음의 합용법 발음인 'ㅅㅂ' 발음을 나타낸다. 그 예는 able, backpack, ball, break 등이 있다.

자음 C는 두 가지 발음이 있다. 한글의 'ㅅ' 발음과 'ㅋ' 발음이다. 'ㅅ' 발음의 예는 censor, ceremony, city, cyber, fancy 등이 있고, 'ㅋ' 발음의 예는 cake, card, catch, color, dictionary 등이 있다.

자음 D는 한글의 'ㄷ' 발음으로 그 예는 danger, deliver, stupid, standard, sad 등이 있다.

자음 F는 훈민정음의 연서법 발음인 'ㅇㅍ' 발음을 나타낸다. 그 예는 fire, flood, fresh, friend, roof 등이 있다.

자음 G는 두 가지 발음이 있다. 훈민정음의 합용법 발음인 'ㅅㄱ' 발음과 'ㅅㅈ' 발음이다. 'ㅅㄱ' 발음의 예는 beg, begin, game, glass, glue 등이 있고, 'ㅅㅈ' 발음의 예는 genesis, genre, gentle, gym, page 등이 있다.

자음 H는 두 가지 발음이 있다. 한글 묵음과 'ㅎ' 발음이다. 묵음의 예는 heir, herb, honesty, honor, hour이며, 'ㅎ'의 예는 hair, hope, house, human, hunger 등이 있다.

자음 J는 한글의 'ㅈ' 발음으로 그 예는 enjoy, jam, jeans, joke, major 등이 있다.

자음 K는 한글의 'ㅋ' 발음으로 그 예는 bike, breakfast, dislike, kick, kitchen 등이 있다.

자음 L은 훈민정음 발음인 '을ㄹ' 발음을 나타낸다. 그 예는 cloud, lamp, license, multiply, tell 등이 있다.

자음 M은 한글의 'ㅁ' 발음으로 그 예는 harm, make, medium, mistake, moment 등이 있다.

자음 N은 한글의 'ㄴ' 발음으로 그 예는 animal, name, innovation, night, noodle 등이 있다.

자음 P는 한글의 'ㅍ' 발음으로 그 예는 capital, paradise, passive,

perfect, stop 등이 있다.

자음 Q는 한글의 '쿠' 발음으로 그 예는 quantity, queen, question, quick, quit 등이 있다.

사음 R은 훈민정음 반설음으로 'ㅇㄹ' 발음을 나타낸다. 그 예는 breeze, raindrop, reason, receive, respect, 이 있다.

자음 S는 두 가지 발음이 있다. 한글의 'ㅅ' 발음과 반치음인 'ㅇㅈ' 발음이다. 'ㅅ' 발음의 예는 class, course, season, self, slow, swim이며, 'ㅇㅈ' 발음의 예는 impose, miserable, museum, noisy, present 등이 있다.

자음 T는 한글의 'ㅌ' 발음으로 그 예는 entire, fatty, identity, result, temple 등이 있다.

자음 V는 훈민정음 합용법 발음인 'ㅇㅂ' 발음을 나타낸다. 그 예는 brave, severe, vacation, value, vital 등이 있다.

자음 X는 두 가지 발음이 있다. 한글의 'ㅈ' 발음과 'ㅋㅅ' 발음이다. 'ㅈ' 발음의 예는 anxiety, exact, example, examination이며, 'ㅋㅅ' 발음의 예는 axis, climax, excellent, extinct, text, explain 등이 있다.

자음 Z는 훈민정음 반치음 발음인 'ㅇㅈ' 발음을 나타낸다. 그 예는 analyze, fuzzy, memorize, zeal, zoo 등이 있다.

표 4-4 영어 자음의 발음 체계표

자음	발음	발음 예제 단어들
B	ㅅㅂ	able, backpack, ball, break
C	ㅅ	censor, ceremony, city, cyber, fancy
	ㅋ	cake, card, catch, color, dictionary
D	ㄷ	danger, deliver, stupid, standard, sad
F	ㅇㅍ	fire, flood, fresh, friend, roof
G	ㅅㄱ	beg, begin, game, glass, glue
	ㅅㅈ	genesis, genre, gentle, gym, page
H	묵음	heir, herb, honesty, honor, hour
	ㅎ	hair, hope, house, human, hunger
J	ㅈ	enjoy, jam, jeans, joke, major
K	ㅋ	bike, breakfast, dislike, kick, kitchen
L	을ㄹ	cloud, lamp, license, multiply, tell
M	ㅁ	harm, make, medium, mistake, moment
N	ㄴ	animal, innovation, name, night, noodle
P	ㅍ	capital, paradise, passive, perfect, stop
Q	쿠	quantity, queen, question, quick, quit
R	ㅇㄹ	breeze, raindrop, reason, receive, respect
S	ㅅ	class, course, season, self, slow, swim
	ㅇㅈ	impose, miserable, museum, noisy, present
T	ㅌ	entire, fatty, identity, result, temple
V	ㅇㅂ	brave, severe, vacation, value, vivid, vital
X	ㅈ	anxiety, exact, example, examination
	ㅋㅅ	axis, climax, excellent, extinct, text, explain
Z	ㅇㅈ	analyze, fuzzy, memorize, zeal, zoo

영어 복모음과 복자음의 발음 체계

복모음 AI/AY는 한글의 [/에이/] 발음으로 그 예는 aim, brain, hay, mail, subway 등이 있다.

복모음 AU/AW는 훈민정음 아래아(·) 발음인 '오, 어/ɔ/' 발음으로 그 예는 audio, cause, lawn, saw, straw 등이 있다.

복모음 OA/OW는 한글의 [/오우/] 발음으로 그 예는 boat, loaf, road, slow, window 등이 있다.

복모음 OI/OY는 한글의 [/오이/] 발음으로 그 예는 boy, coin, joy, oil, soil 등이 있다.

복모음 OO는 한글의 [우:]발음으로 그 예는 book, cool, food, moon, pool 등이 있다.

복자음 CH는 세 가지 발음이 있다. 한글의 [쉬/sh/] 발음, [ㅊ] 발음과 [ㅋ] 발음이다. [쉬/sh/] 발음의 예는 chivalry, machine, Chicago, chef 이며, [ㅊ] 발음의 예는 beach, bench, change, cheese, child이며, [ㅋ] 발음의 예는 ache, chemical, chorus, Christmas, school 등이 있다.

복자음 GH는 훈민정음 [ㅇㅍ] 발음으로 그 예는 cough, enough, laughter, rough, tough 등이 있다.

복자음 KN은 한글의 [ㄴ] 발음으로 그 예는 knife, knock, knot, know, knowledge 등이 있다.

복자음 NG는 한글의 [ㅇ] 발음으로 그 예는 ceiling, king, ring, spring, strong 등이 있다.

복자음 PH는 훈민정음 [ㅇㅍ] 발음으로 그 예는 phantom, phase, philosophy, phone, photograph 등이 있다.

복자음 SC는 한글의 [ㅅ] 발음으로 그 예는 descend, discern, scene, scent, science 등이 있다.

복자음 SH는 한글의 [쉬/sh/] 발음으로 그 예는 brush, publish, shame, shoe, show 등이 있다.

복자음 TH는 두 가지 발음이 있다. 훈민정음 [ㅇㄷ] 발음과 [ㅇㅅ] 발음이다. [ㅇㄷ] 발음의 예는 leather, loathing, smooth, weather, worthy이며, [ㅇㅅ] 발음의 예는 healthy, strength, thing, threat, thunder 등이 있다.

복자음 TS는 한글의 [ㅊ] 발음으로 그 예는 pants, nuts, hearts, shirts, parts 등이 있다.

복자음 WH는 두 가지 발음이 있다. 한글의 [우/w/] 발음과 [ㅎ] 발음이다. [우/w/] 발음의 예는 meanwhile, overwhelm, whisper, whistle이며, [ㅎ] 발음의 예는 whoever, whole, wholesale, wholesome, wholly 등이 있다.

표 4-5 영어 복모음과 복자음의 발음 체계

복모음	발음	발음 예제 단어들
AI/AY	[에이]	aim, brain, hay, mail, subway
AU/AW	[오,어/ɔ/]	audio, cause, lawn, saw, straw
OA/OW	[오우]	boat, loaf, road, slow, window
OI/OY	[오이]	boy, coin, joy, oil, soil
OO	[우:]	book, cool, food, moon, pool
복자음	발음	발음 예제 단어들
CH	[쉬/sh/]	chef, chivalry, cliche, machine, parachute
	[ㅊ]	beach, bench, change, cheese, child
	[ㅋ]	ache, chemical, chorus, monarchy, school

GH	[ㅇㅍ]	cough, enough, laughter, rough, tough
KN	[ㄴ]	knife, knock, knot, know, knowledge
NG	[ㅇ]	ceiling, king, ring, spring, strong
PH	[ㅇㅍ]	phantom, phase, philosophy, phone, photo
SC	[ㅅ]	descend, discern, scene, scent, science
SH	[쉬/sh/]	brush, publish, shame, shoe, show
TH	[ㅇㄷ]	leather, loathing, smooth, weather, worthy
	[ㅇㅅ]	healthy, strength, thing, threat, thunder
TS	[ㅊ]	pants, nuts, hearts, shirts, parts
WH	[우/w/]	meanwhile, overwhelm, whisper, whistle
	[ㅎ]	whole, wholesale, wholesome, wholly

이번 장에서는 영어 발음의 기초인 알파벳 모음과 자음의 발음에 대해서 알아보았다. 또한, 복모음과 복자음의 발음에 대해서도 함께 알아보았다. 앞장에서 소개한 훈민정음의 발음법을 활용하면, 영어학습의 기본인 정확한 알파벳의 발음을 유학 가지 않고도 정복할 수 있을 것이다. 독자 여러분들의 지속적인 관심과 노력으로 조기에 영어의 정확한 알파벳 발음을 확실하게 정복하시기를 기원한다.

실천 과제

이제는 우리 모두 소리를 낼 수 있는 영어의 알파벳 발음을 진정한 내 것으로 만들어 보자. 하루 5회 반복으로 일주일 아니, 한 달 만에 완전히 나의 영어로 확립하자. (엄마와 대화를 위해 온몸으로 노력하는 유아의 마음으로)

5
영어단어는 영어학습의 디딤돌이다

이제 영어의 기초인 알파벳의 발음법과 듣기를 할 수 있는 기초가 마련되었다. 다음 단계는 무엇일까?

모국어를 배우는 유아가 엄마의 발음 체계를 식별한 후, 제일 먼저 접하는 것은 단어이다. 단어는 문장을 이루는 기본 구성요소이다. 유아가 엄마가 말하는 단어를 듣고 옹알이를 통해서 발음하는 법을 연습하고, 말하는 과정에 사용되는 기본 재료가 되는 것이다. 즉, 어린 아기는 엄마가 하는 단어의 발음을 듣고 이해해서, 연습하다가 마침내 '엄마', '아빠'하고 단어의 발음을 하지 않는가?

특히 영어라는 언어는 악센트가 매우 중요하며, 악센트 위치가 달라짐에 따라 의미와 발음이 달라지는 언어이므로 이 점에 유의해서 학습하기를 권한다. 시중에 나와 있는 영어탈피 교재로 영어단어를 학습하는 것을 추천한다.

그 이유는 책의 왼쪽 페이지는 한글로, 오른쪽 페이지는 영어로 문장과 단어의 정확한 발음기호가 함께 수록되어서 단어 학습을 하는 데 큰 도움이 된다. 더욱이 영어 단계에 맞는 단어를 차례대로 수록하였으며, 한 단어가 다수의 뜻을 가진 경우, 각 단어의 쓰임에 따라 체계적으로 학습 수준별로 정리하였다. 정확한 발음으로 습득이 된 단어는 영어학습에서 산소와 같은 존재이니, 단어별로 정확한 발음과 악센트를 함께 숙지하여 내 것으로 만들어 보자.

영어의 품사

우리가 습득하는 단어를 특성과 용도에 따라서 분류하면, [표5-1]에서 보는 바와 같이 영어는 8가지로, 한글은 9가지로 구분된다.

영어는 8 품사로 명사, 대명사, 형용사, 부사, 동사, 전치사, 접속사, 감탄사이고 한글은 9 품사로 명사, 대명사, 관형사, 형용사, 수사, 부사, 동사, 조사, 감탄사이다. 한글의 형용사는 "하늘이 파랗다"에서 '파랗다'가 형용사이다. 즉 "The sky is blue"에서 'is blue'는 be동사 + 형용사이다. 영어의 형용사는 한글의 관형사와 유사하다. 한글에는 조사가 있어서 매우 다양한(powerful) 역할을 하며, 영어의 접속사와 전치사를 대체하는 것은 물론 우리말의 문장에서 구성요소들의 위치가 자유로워지는 역할을 한다. 영어의 접속사는 한글의 접속부사로 대치된다고 할 수 있다.

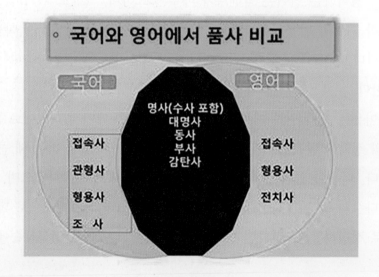

° **국어와 영어에서 품사 비교**

국어	공통	영어
접속사	명사(수사 포함)	접속사
관형사	대명사	형용사
형용사	동사	전치사
조사	부사	
	감탄사	

종류	품사 종류
한국어	명사, 대명사, 관형사, 형용사, 수사, 부사, 동사, 조사, 감탄사 (9 품사)
영어	명사, 대명사, 형용사, 부사, 동사, 전치사, 접속사, 감탄사 (8 품사)

표 5-1 한국어와 영어의 품사 비교

영어 품사 알아보기

명사(名詞)는 사물의 이름으로 영어에서 가장 많은 숫자를 차지하며, 가산명사(countable noun)와 불가산명사(uncountable noun)로 구별된다. 가산명사는 단·복수를 구별하지만, 불가산명사는 단·복수를 구별할 필요가 없다. 필요하면 단위 명사를 두어 물 한 잔(a glass of water), 커피 두 잔(two cups of coffee)과 같이 단위 명사를 사용해서 구별한다.

대명사(代名詞)는 명사를 대신하는 사용하는 것으로 여덟 가지로 구별된다. 사람을 나타내는 인칭대명사(人稱代名詞), 소유를 나타내는 소유대명사(所有代名詞), 사물을 가리키는 지시대명사(指示代名詞), 일반적인 사람/사물을 가리키는 총칭대명사(總稱代名詞), 자신을 다시 가리키는 재귀대명사(再歸代名詞), 뭉뚱그려 수량을 표현하는 부정대명사(不定代名詞), 정보를 물어볼 때 사용하는 의문대명사(疑問代名詞), 그리고 명사를 다른 절과 연결하는 관계대명사(關係代名詞)로 이루어진다.

인칭이란 대화에 참여하는 방식에 따라 대상을 구별하는 방법으로 말하는 당사자(話者)를 1인칭(나), 듣는 사람(聽者)을 2인칭(너, 당신), 그 외에 모든 사람이나 사물을 3인칭(그, 그녀, 그것 등)으로 구분한다. 인칭대명사는 단수와 복수로 구성된다.

인칭대명사는 문장에서의 쓰임에 따라 격을 갖는데, 주어로 쓰이면 주격(主格), 명사 앞에 쓰여서 소유격(所有格), 목적어로 쓰이면 목적격(目的格), 소유격과 명사를 합친 소유대명사(所有代名詞)로 '~의 것'이라고 표현된다.

표 5-2 **인칭대명사 종류**

인칭	수		주격	소유격	목적격	소유대명사	재귀대명사
1인칭	단수		I	my	me	mine	myself
	복수		we	our	us	ours	ourselves
2인칭	단수		you	your	you	yours	yourself
	복수		you	your	you	yours	yourself
3인칭	단수	남성	he	his	him	his	himself
		여성	she	her	her	hers	herself
		중성	it	its	it	-	itself
	복수		they	their	them	theirs	themselves

형용사(形容詞)는 사물의 상태와 성질을 나타내는 품사로 명사 앞에서 명사를 수식하거나 동사 뒤에서 주어의 상태를 나타낸다.

앞의 예를 한정적 용법(attributive use)이라고 한다.

The horse is a useful animal.   말은 유용한 동물이다.

It is an interesting book.   이것은 흥미로운 책이다.

반면 뒤의 예를 서술적 용법(predicative use)이라 한다.

The soup tastes good.　　　　　국이 맛이 좋다.

The woman is really beautiful.　　그 여자는 정말로 아름답다.

부사(副詞)는 문장에서 형용사, 동사, 다른 부사를 꾸며주는 역할을 하는 품사이다. 간단한 예를 들어보자

He is very happy.　　　　　　　그는 매우 행복하다. - 형용사 수식

He runs fast.　　　　　　　　　그는 빠르게 달린다. - 동사 수식

He runs very fast.　　　　　　　그는 매우 빠르게 달린다. - 부사 수식

Yesterday I met her in the park.　어제 나는 공원에서 그녀를 만났다.
　　　　　　　　　　　　　　　　- 강조 용법으로 문장 전체를 수식한다.

빈도부사란 어떤 행동이나 사건이 얼마나 자주 발생하는지를 나타내는 부사로 문장에서 빈도부사는 주어와 동사의 사이에 온다. 빈도부사에는 always, usually, often, sometimes, seldom, ever, never 등이 있다.

They always call him Dick.　　　그들은 항상 그를 Dick이라 부른다.

문장에서 두 개 이상 부사나 부사구(전치사 + 명/대명사)가 올 때 그 순서는 장소부사가 가장 앞에, 시간부사가 가장 뒤에 온다.

부사를 구분하는 유익한 방법을 하나 소개해 본다. 글쓰기 육하원칙(六何原則) "누가(who), 언제(when), 어디서(where), 무엇을(what), 어떻게(how), 왜

(why) 했다"에서 '누가'는 주어, '언제'는 시간, '어디서'는 장소, '무엇'은 대상(목적어), '어떻게'는 방법, '왜'는 이유를 나타내는데 이들 4가지 '언제', '어디서', '어떻게', '왜'가 부사에 해당한다.

동사(動詞)란 사람이나 사물의 움직임이나 작용을 나타내는 품사로 be동사, 조동사와 일반동사로 구분한다. be동사는 주어의 상태나 존재를 나타내며, 조동사는 본동사의 의미를 더해주는 역할을 하며 그 외의 동사를 일반동사라 한다. 동사는 동사원형–과거형–과거분사로 3단 동사 변화를 하는데, 이는 시제나 완료 문장을 만들 때 사용된다. 그 예를 보면 do(하다) – did – done, eat(먹다) – ate – eaten 등이다. 특히 불규칙 3단 동사 변화는 반드시 암기해야 사용할 수 있다.

구동사(Phrasal verb)란 동사가 전치사와 결합(동사 + 전치사)하여 전혀 다른 새로운 의미를 만든다. 독특한 조합으로 규칙성이 없으므로 암기를 통해 내 것으로 만들어야 한다.

동사는 영어 문장 구조에서 가장 중요한 역할을 하며, 또한 영어 문장에서 시제란 동사의 동작이나 상태가 일어난 시간에 해당하는 형태로, 12시제를 통해서 더욱 다양한 문장의 형태를 만들 수 있다. 이 내용은 뒤에서 자세히 알아보겠다.

전치사(前置詞)란 명사의 위치를 나타내는 나침반으로 명사/ 대명사와 다른 단어와의 관계를 나타내는 단어들로 문장에서 위치, 시간, 관계, 방향 등을 나타낼 때 사용된다. 동사와 결합(동사+전치사)하여 구동사를 만들거나 명사/대명사와 결합하여(전치사+명/대명사) 문장에서 부사(시간, 장소, 방법, 이유 등)나 형용사(of use = useful)의 역할을 한다. 자세한 내용은 뒤에 추가로 설명해 놓았다.

접속사(接續詞)는 문장에서 단어, 구, 절과 문장 등을 연결하는 역할을 하는 품사이다. 단어, 절과 문장 등을 대등하게 연결하는 등위접속사(and, or, so, but, yet 등), 어떤 절을 다른 절에 연결하는 종속접속사(because, if, although, since 등)와 등위접속사를 포함한 두 개 이상의 단어가 짝을 이루어 사용하는 상관접속사(either~or, neither ~nor, not only~ but also 등)로 구성된다.

> **등위접속사** you and I, this or that, Korean or Chinese
> **상관접속사** both my mon and I, either Math or English, not Tom but Cathy, not only poor but sick
> **종속접속사** When I was young, I wanted to be an actor.
> Though it was cold, I went out.
> He was late because he missed the bus.

감탄사(感歎詞)는 말하는 이유, 본능적인 놀람이나 느낌, 응답 등을 나타내는 품사이다. 단순 표현으로 Oops! Gosh! My God! Gee! Oh, dear!. Excellent, Bingo! Bravo! You're Kidding(설마), Are you serious? 등이 사용된다.

언어습득 과정에서 유아는 처음에는 단순히 한 단어를 사용해서 말을 시작하지만, 이러한 단어들이 모여서 두 단어, 세 단어 등 점점 긴 형태로 발전한다. 처음에는 두세 단어의 짧은 문장에서 시작하지만, 시간이 지나면서 좀 더 길고 세련된 문장으로 진화한다. 언어를 사용하는 의사소통의 목표는 궁극적으로 체계화된 문장을 만들어서 원하는 대화를 성공적으로 수행하는 것이다.

영어 8품사 정리

명사 (NOUN) 사물의 이름	**대명사** (PRONOUN) 명사 대신 사용	**동사** (VERB) 동작이나 상태	**형용사** (ADJECTIVE) 명사의 성질, 모양 을 설명
부사 (ADVERB) 동사, 형용사, 부사 를 설명	**전치사** (PREPOSITION) 명사 앞에서 위치, 시 간, 장소를 설명	**접속사** (CONJUNCTION) 2가지 말을 연결	**감탄사** (INTERJECTION) 여러가지 감정 표현

KonnHous

영어와 한국어의 차이점 비교

이제 우리는 정확한 발음의 단어와 악센트를 숙지하였으니, 다음 단계로 문장 구조를 통한 영어학습을 시작해 보자.

첫째, 우리말은 어순의 배열이 자유롭다. 우리말의 단어는 9 품사이고, 영어는 8 품사이다. 특히 우리말에는 조사(助詞)라고 하는 유용한(powerful) 품사가 있어서 영어의 전치사를 대체하는 것은 물론, 문장의 배열이 자유로워지는 역할을 한다.

"나는 어제 공원에서 그녀를 만났다"를 영어로 번역하면,

"I met her in the park yesterday."이며, 부사를 강조하면,

"Yesterday I met her in the park."로 쓸 수 있다.

하지만 우리말은 어떤가? 동사를 제외한 거의 모든 문장 구성요소가 자리를 바꿀 수 있다. 즉,

"나는 어제 공원에서 그녀를 만났다."

"나는 공원에서 어제 그녀를 만났다."

"어제 나는 공원에서 그녀를 만났다."

"어제 나는 그녀를 공원에서 만났다."

"어제 공원에서 나는 그녀를 만났다." 등등.

이렇게 문장을 자유자재로 바꿀 수 있는 이유는 우리말에는 조사가 있어서 모든 문장의 요소들이 어디에 위치하여도 구별해 낼 수 있는 기능이 있기 때문이다. 우리와 언어 거리가 가까운 일본어와 중국어에도 조사는 존재하지만, 조사의 역할은 우리말이 압도적으로 다양한 것 같다. 조사는 우리 한국인에게는 큰 장점이고 자랑이지만, 영어 사용자 등 외국인이 한국어를 배우는 데는 큰 어려움으로 작용하고 있다. 영어에서도 전치사가 존재하여 명사/대명사 앞에 위치하면서 부사를 만들어 낸다. 하지만 그 역할은 크지 않음을 알 수 있다. 즉 영어의 어순은 고정적이고 변화가 없는 배우기 쉬운 구조이다.

둘째로 문장의 구성하는 어순의 순서가 영어와는 다르다.

표 5-3 한국어와 영어의 문장 어순 순서 비교

종류	문장 순서
한국어	주어(S) + 목적어(O) + 동사(V)
영어	주어(S) + 동사(V) + 목적어(O)

한국어는 S + O + V 구조이지만, 영어는 S + V + O 순서를 가지고 있다. 그렇다면 영어는 원래부터 지금의 문장 구조를 가진 언어였는가? 아니다. 최초에는 한국어와 같은 S + V + O 구조였지만, 로마제국이 멸

망한 이후 문장 순서가 변화하여 지금의 구조를 가지게 되었다고 한다. 이런 이유로 언어 거리가 차이가 커서, 서로 간의 소통과 언어학습의 어려움이란 단점이 존재한다.

세 번째로 한국어의 조사는 후치(後置) 구조이지만, 영어는 전치(前置)로 전치사가 명사/대명사 앞에 오는 구조이다. 예를 들어 공원에서(in the park), 교실에(in the classroom) 등으로 한국어와 영어에서 전치사와 조사는 각각 전치와 후치의 구조상 차이를 보이는 상반된 언어 체계이다.

네 번째 차이는 한국어는 한자를 이용하여 음과 뜻을 함께 쓸 수 있는 유연한 언어지만, 영어는 단어와 구동사를 함께 쓰는 비교적 쓰기가 편한 언어이다. 우리 언어를 제대로 알려면 한자를 알아야만 단어 고유의 의미를 알 수 있는 성질을 가지고 있다.

이러한 네 가지의 주요한 차이점으로 인해 한글은 영어 계열의 언어 사용자가 배우기가 가장 어려운 언어, 즉 유사성이 거의 없는 언어 거리가 매우 먼 언어이다.

영어 문장의 종류

영어의 문장 종류를 알아보자. 영어의 문장 종류는 [표5-1]에서 보는 바와 같이 4가지로 평서문(statement), 의문문(question), 명령문(command), 감탄문(exclamation)이다.

평서문(平敍文)은 어떤 사실을 있는 그대로 설명하는 문장이다.
문장 형태가 S + V + O/C 순서로 구성된 일반 문장이다.

의문문(疑問文)은 질문할 때 사용하는 문장으로 의문사가 있는 의문문, 의문사가 없는 의문문, 부가의문문 등이 있다.

문장 형태는 의문사가 있는 의문문은 '의문사 + 동사 + 주어~?'
의문사가 없는 의문문은 '동사 + 주어~?'
부가의문문은 'S +V+ O/C, 조동사(부정) + 대명사?'순서이다.

명령문은 상대방에게 행동하도록 요구하는 문장이다.
문장 순서는 'V + O/C' 순서로 구성되었다.

감탄문은 기쁨, 슬픔, 놀람 등의 감정을 나타내는 문장이다.
What + a/an + 형용사 + 명사 (+ 주어 + 동사).
How + 형용사 (+ 주어 + 동사).

표 5-4 **문장의 종류**

문장 종류	문장 구조
평서문	S + V + O/C
의문문	V + S + O/C? (의문사가 없는 의문문)
	의문사 + V + S + O/C? (의문사가 있는 의문문)
	S + V + O/C, 조동사 (부정) + 대명사? (부가의무문)
명령문	V + O/C
감탄문	What + a/an + 형용사 + 명사 (+ 주어 + 동사)
	How + 형용사 (+ 주어 + 동사)

다음으로 영어의 기초적인 문장 구조인 문장 5형식을 알아보자.
가장 기초적인 단계로 그 내용은 아래와 같다.

> 1형식 : S + Vi
> 2형식 : S + Vi + SC
> 3형식 : S + Vt + O
> 4형식 : S + Vt + IO + DO
> 5형식 : S + Vt + O + OC

Vi는 자동사이며 Vt는 타동사이다. 그 차이는 목적어를 가지면 타동사 아니면 자동사가 된다. 즉 자동사 뒤에는 주격보어가 올 수 있다. SC는 주격보어이고 주어를 보충해 주는 역할을 하며, 주로 명사나 형용사, to-부정사, 동명사, 현재분사 등이 위치한다. OC는 목적보어이며 목적어를 보충해 주는 역할을 한다. 목적어와 보어의 차이는 주어/목적어와 동격 관계가 성립하며 보어이고, 아니면 목적어라고 구분하면 된다. 이 구조는 영어를 하는 사람이면 누구나가 접하는 문장 5형식으로 영어의 기초단계의 문장형식이다. 필자가 공부하던 시절에는 이 문장 5형식만을 줄기차게 공부했던 기억이 있다.

이 구조의 특징은 문장 구조를 극도로 단순화시키는 장점은 있지만, 특히 동사의 역할이 큰 영어에서 중요성이 높은 전치사와 부사(구)를 제외하기 때문에, 문장을 암기하거나 기억하는 데는 매우 비효율적이다. 아무리 많은 문장을 읽고 써도 기억에 남는 것이 하나도 없는 그런 구조이다. 현재는 초등학교 과정에서나 사용되는 아주 초보적인 그런 문장 구조이다.

매일 외우는 단어의 중요성을 상기하면서, 정확한 발음과 악센트로 소리 내면서 단어를 암기하는 습관을 기르자.

교과서 단어와 함께 영어탈피 초급(고교생용) 단어를 하루 1페이지씩 문장과 함께 규칙적으로 암기하는 습관을 기르자.

6
평생 재산, 동사패턴 25를 정복하자

필자가 추천하는 영어 문장 구조 형식은 영국의 OXFORD 대학 출판사에서 발행된 영어사전에서 제공한 동사패턴 25(Verb pattern 25)이다. 인터넷에서는 English Verb pattern 25 List by AS Hornby로 알려진 내용이다.

동사 기반의 문장 구조로는 가장 강력한 패턴으로 동사 25형 52개 패턴으로 된 202개 문장으로 이루어진 주옥같은 문장이다. 문장 하나하나가 문법적인 의미를 가지며 영어의 중급 수준의 문장이 되겠다. 즉 12세를 전후해서 영어가 완성되는 시기에 구사하는 영어 문장의 구조 이상이라 할 수 있다.

Verb pattern 25의 최대 장점은 다음과 같다.

비원어민이 영어를 처음 배울 때 첫째, 어떤 단어를 가장 많이, 흔히 사용하는가? (필수 단어만을 최소화) 둘째, 가장 많이 사용하는 단어 중 가장 흔히 쓰는 동사패턴은 무엇인가? (필수 동사의 패턴만이라는 관점에서 영어학습프로그램을 만들어 냄) 라는 특징을 갖는다. 즉 '동사패턴 25'를 숙달하면, 영어 전문원서를 원어민 대학생처럼 읽고 쓸 수 있다는 강점이 있다. 단점으로는 고급 영어의 본질인 Writing 문제, 즉 감각 또는 원어민 문장 패턴의 감각 형성을 막아버린다는 것이다. 즉 고급 영어에서는 단어가 문장의 패턴을 선택하는 것이 아니라, 문장의 패턴이 자기와 어울릴 수 있는 단어를 선택해야 한다는 것이다. 참으로 이해하기조차 어려운 말이다.

현재 우리가 원하는 영어의 수준은 원어민 대학생이 전문원서를 읽고 쓸 수 있는 수준이지, 영어의 전문성이 필요한 고차원적인 고급 영어는 아닌 듯하다. 너무 높은 목표는 오히려 부담감만 가중될 뿐 영어를 배우는 비원어민이 세울 영어의 학습 목표와는 거리가 있는 듯하다. 필요한 사람은 대학에 들어가서 추가로 연구를 하면 될 듯하다.

이제 중급영어 수준의 동사패턴 25형을 좀 더 자세히 공부해 보자. 동사패턴 25형은 영어에서 동사를 정복하면, 영어가 완성될 수 있도록 설계해서 만들어졌다. 즉 동사를 25개 형으로 구별하고 각 형에서 추가로 필요한 구분을 두어서 52개 패턴을 만들고, 202문장으로 예제를 추가하여 구성되었다.

표6-1 을 보면서 그 세부 내용을 살펴보자.

개략적으로 보면 동사 1형은 Be 동사, 2~4형은 자동사, 5형은 조동사, 6~25형은 타동사로 구성되었다. 기초 5형식을 25형식으로 세분화하여 문장 구조를 이해하고 사용하는 최적화되어 있다.

동사 1형은 be동사로 한 가지 패턴이다.

1형은 S + be동사 구조로 패턴은 두 가지이다.

동사 5형식에서 2형식(S + be동사 + SC) 상태동사(~이다)와 1형식 (There + be동사 + S) 존재동사(~있다)로 구성된다.

> This is a book.　　　This is where I work.
>
> There is a crowd.

첫 번째 두 문장은 기본 5형식의 2형(S + Vi + C) 형태인 상태동사이고, 두 번째 문장은 There is/are(~있다) 존재동사 형태이다.

동사 2형은 5가지로 2A~2E형으로 구성된다.

2A형은 S + Vi 구조로 예문은

> The moon rose.

문장 5형식 1형의 형태이다.

2B형은 S + Vi + (for) + 부사적 불변화사 구조로 예문은,

> We walked (for) five miles.

이때 전치사는 생략할 수 있다.

2C형은 S + Vi + 부사적 불변화사 구조로 예문은,

> Go away/Come in.

전치사가 홀로 쓰여서 부사 역할을 한다고 하여 부사적 불변화사라고 부른다.

2D형은 S + Vi + adjective/(pro)noun 구조로 예문은,

> She married young.

기본 5형식의 2형(S+Vi+C)인 형태이다.

2E형은 S + Vi + present particle 구조로 예문은,

> They've gone dancing.

동사 2형의 주요한 특징은 문장 5형식의 1형(S + Vi)과 2형(S + Vi + C)의 혼합된 형태이다. 전치사 용법을 세분화하였다.

동사 3형은 2가지로 3A와 3B로 구성된다.

3A형은 S + Vi + preposition + (pro)noun 구조로 예문은,

> You can rely on me.

구동사(동사 + 전치사)의 유형이다.

3B형은 S + Vi + (preposition + (it)) + clause 구조로 예문은,

> Have you decided (on) what to do.

구동사에서 전치사가 생략되어 마치 타동사인 것 같은 구조를 보인다.

학창 시절 시험문제로 유형이 다른 자동사와 타동사를 구분하는 전형적인 문제가 많이 나왔던 형태이다.

동사 3형은 문장 5형식의 1형(S + Vi)과 3형(S + Vt + O)이 혼합된 형태처럼 보이지만, 3B형에서 decide는 자동사로 문장 5형식 1형의 형태이다. (틀리기 쉬운 패턴이다.)

동사 4형은 6가지로 4A~4F형으로 구성된다.
4A형은 S + Vi + to-Infinitive 구조로 예문은,

> We stopped to rest.

목적을 나타내는 to-부정사의 부사적 용법이다.
4B형은 S + Vi + to-Infinitive 구조로 예문은,

> He awoke to find the house on fire.

결과를 나타내는 to-부정사의 부사적 용법이다.
4C형은 S + Vi + to-Inf 구조로 예문은,

> He agreed to come at once.

to-부정사가 목적어로 보이지만, 실제로 to-부정사의 부사적 용법이다. 구별이 매우 어려운 시험에 잘 나오는 패턴이다.

4D형은 S + seem/appear + (to be) + adjective/noun 구조로 예문은,

He seemed to be surprised at the news.

to-부정사가 생략이 가능한 부사적 용법이다.

4E형은 S + seem/appear/happen/chance + to-Inf 구조로 예문은,

She appears to have left already.

자동사가 사용되는 to-부정사는 부사적 용법이다.

4F형은 S + be + to-Infinitive 구조로 예문은,

At what time am I to come?

Be + to-부정사 용법으로 5가지 패턴이 있다.

4형은 자동사 + to 부정사로 부정사의 부사적 용법과 be + to 부정사 용법(가능. 운명. 예정 등)으로 구성되었다.

간단한 자동사의 용법이건만 문장 5형식과 비교하면 얼마나 다양한 차이가 있는지를 금방 알 수 있는 대목이다.

동사 5형은 한가지로 조동사 용법이다.

5형은 S + 조동사+ 동사원형 구조로 예문은,

You needn't wait.

조동사 역할의 중요성을 알 수 있는 내용이다. 여기서 특이 사항은 dare는 조동사이지만 용법이 독특하다.

예제 'I didn't dare tell anyone.'에서 'dare'는 조동사지만, 부정문을 만들 때는 일반동사와 같고, 뒤에 오는 동사는 조동사와 같은 참으로 불편한 용법이다. (암기 요망)

동사패턴 25형은 타동사를 20가지로 세분화해서 패턴의 다양성을 추구한다. 타동사는 특히 암기할 내용이 많음을 알 수 있다.

동사 6형은 5가지로 6A~6E로 구성된다.

6A형은 S + Vt + (pro)noun 구조로 예문은,

> Everyone likes her.

동사 5형식의 3형(S + Vt + O)의 형태이다.

6B형은 S + Vt + (pro)noun 구조로 예문은,

> She has green eyes.

형태는 6A형의 형태로, 수동태가 불가능한 특징이 있다.

6C형은 S + Vt + gerund(동명사) 구조로 예문은,

> She enjoyed playing tennis.

동사 5형식의 3형(S+Vt+O) 중에서 동명사를 목적어 취한다.

6D형은 S + Vt + gerund 구조로 예문은,

> He began talking about his family.

6C형과 같아 보이지만 동명사와 to-부정사를 함께 가질 수 있다.
6E형은 S + need/want/bear + gerund 구조로 예문은,

> He needs looking after.

6D형과 6E형은 같아 보이지만, 6E형은 수동의 의미를 갖는 특성이 있다. 동사 6형에서 6B형은 수동태가 불가한 형태이고 6C형은 동명사만을 목적어로 받지만, 6D형은 목적어로 to-부정사도 함께 받을 수 있는 형태이다. 6E형은 동명사가 수동의 의미를 내포한다. 고교 시절 영어 문법으로 열심히 외우던 것들이다.

동사 7형은 2가지로 7A~7B로 구성된다.
7A형은 S + Vt + to-Inf 구조로 예문은,

> He pretended not to see me.

동사의 목적어로 to-부정사만을 취하는 동사이다.
7B형은 S + have/ought + to-Inf 구조로 예문은,

> Do you often have to work overtime?

have 동사가 목적어로 to-부정사를 취하는 형태이다.

동사 7형에서 7A는 to-부정사를 목적어로 받는 동사이며, have/ought to는 조동사 용법이 아닌 동사 + to-부정사 즉 패턴(7형) 이다.

동사 8형은 한가지로 복적어로 의문사 + to-부정사가 온다.

8형은 S + Vt + 의문사 + to-Inf 구조로 예문은,

> I couldn't decide what to do next.

동사 9형은 한가지로 목적어로 that-절이 온다.

9형은 S + Vt + that-clause 구조로 예문은,

> I suppose you'll be leaving soon.

동사 10형은 한가지로 목적어로 종속절/종속의문절이 온다.

10형은 S + Vt + 종속절/종속의문절 구조로 예문은,

> She asked why I was late.

동사 11형은 한가지로 명/대명사와 that-절이 함께 온다.

11형은 S + Vt + (pro)noun + that-절 구조로 예문은,

> He warned us that the roads were icy.

동사 12형은 3가지로 12A~12C로 구성된다.

12A형은 S + Vt + 간접목적어(IO) + 직접목적어(DO) 구조로 예문은,

> He doesn't owe me anything.

12B형은 S + Vt + 간접목적어(IO) + 직접목적어(DO) 구조로 예문은,

> She made herself a new dress.

12C형은 S + Vt + (pro)noun + (pro)noun 구조로 예문은,

> I envy you your fine garden.

특이하게도 12C형은 목적어라는 명칭을 사용하지 않는다.

동사 12형에서 12A는 13A로, 12B는 13B로 전환이 가능하나, 12C는 수여동사가 아니어서 목적어가 아닌 일반명사/대명사를 가지며, 13형이 존재하지 않는다. (처음 듣는 내용이었다.)

동사 13형은 2가지로 13A~13B로 구성된다.

13A형은 S + Vt + DO + to + (pro)noun 구조로 예문은,

> She told the news to everyone in the village.

13B형은 S + Vt + DO + for + (pro)noun 구조로 예문은,

> She made a new dress for her daughter.

12형을 13형으로 전환 때 사용하는 전치사가 12A형은 to를 사용하고,

12B형은 for를 사용한다. 즉 문장 5형식의 4형을 3형으로 전환하는 방식이다. 영어에서는 문장 성분이 길면 문장의 끝으로 보내는 특성이 있다.

(가주어 진주어, 동사 12형을 13형으로)

동사 14형은 한 가지로 DO와 전치사 + 명/대명사로 구성된다.

14형은 S + Vt + DO + 전치사 + (pro)noun 구조로 예문은,

> We congratulated him on his success.

동사에 따라 특정 전치사가 오는 형태로 암기가 필요한 구문이다.

동사 15형은 2가지로 15A~15B로 구성된다.

15A형은 S + Vt + DO + 부사절 구조로 예문은,

> The secretary showed me to the door.

15B형은 S + Vt + DO + 부사적 불변화사 구조로 예문은,

> Take them/your shoes off.

동사 14형과 비슷한 형태로 14형은 특정한 동사에서 특정한 전치사를 사용하지만, 15형은 일반적인 전치사가 쓰인다.

동사 16형은 2가지로 16A~16B로 구성된다.

16A형은 S + Vt + DO + to-Inf 구조로 예문은,

> He brought his brother to see me.

16B형은 S + Vt + DO + as/like + (pro)noun, 또는 S + Vt + DO + as if/though + 절 구조로 예문은,

> I can't see myself as a pop singer.

16A형의 to-부정사는 부사적 용법(목적, ~하기 위하여)이다.

동사 17형은 한가지로 명/대명사와 to-부정사로 구성된다.
17형은 S + Vt + (pro)noun + to-Inf 구조로 예문은,

> He likes his wife to dress colorfully.

17형의 명사 + to-부정사는 함께 동사의 목적어가 된다.

동사 18형은 3가지로 18A~18C로 구성된다.
18A형은 S + Vt + (pro)noun + Inf 구조로 예문은,

> We felt the house shake.

18B형은 S + Vt + (pro)noun + Inf 구조로 예문은,

> What makes you think so?

18C형은 S + have + (pro)noun + Inf 구조로 예문은,

> **What would you have me do?**

18A형의 동사는 지각동사, 18B형의 동사는 사역동사, 18C형의 have 는 사역동사가 아닌 have의 특수용법임을 알 수 있다. 또한 18형은 이미 끝난 활동을 나타내고, 19형은 진행 중인 활동을 나타낸다.

동사 19형은 3가지로 19A~19C로 구성된다.
19A형은 S + Vt + (pro)noun + 현재분사 구조로 예문은,

> **Can you smell something burning.**

19B형은 S + Vt + (pro)noun + 현재분사 구조로 예문은,

> **They left me waiting outside.**

19C형은 S + Vt + (pro)noun + ~ing 구조로 예문은,

> **I can't understand him/his behaving so foolishly.**

19A형의 동사는 지각동사이고 19B는 비지각 동사이며 19C의 경우 명/대명사 자리에 목적격이 오면 ~ing는 현재분사, 소유격이 오면 ~ing 는 동명사가 된다.

동사 20형은 한 가지로 동사 뒤에 명/대명사 + 의문사 + to-부정사로 구성된다.

20형은 S + Vt + (pro)noun + 의문사 + to-Inf 구조로 예문은,

> I showed them how to do it.

20형은 7~11형과 이어지는 패턴 형태를 지니고 있다.

동사 21형은 한 가지로 동사와 명/대명사 + 의문절로 구성된다.

21형은 S + Vt + (pro)noun + 의문절 구조로 예문은,

> Tell me what your name is.

문장 내에 절이 오면 문장 성분의 순서는 '의문사+주어+동사'임을 알면 영작이 쉬워진다.

동사 22형은 한 가지로 동사 뒤에 DO + 형용사로 구성된다.

22형은 S + Vt + DO + 형용사 구조로 예문은,

> We painted the ceiling green.

문장 5형식의 5형식으로 형용사는 목적격 보어가 된다.

동사 23형은 한가지로 동사 뒤에 DO + 명사로 구성된다.

23형은 S + Vt + DO + 명사 구조로 예문은,

> They named the baby Richard.

문장 5형식의 5형식으로 명사는 역시 목적격 보어가 된다.

동사 24형은 3가지로 24A~24C로 구성된다.
24A형은 S + Vt + DO + 과거분사 구조로 예문은,

> You must make your views known.

24B형은 S + have + DO + 과거분사 구조로 예문은,

> King Charles had his head cut off.

24C형은 S + have/get + DO + 과거분사 구조로 예문은,

> Can you have/get the program changed?

24B형은 have 동사의 특수용법으로 주어가 경험하거나 소유한 것을 표시. (해석 요령. 이익이 되면 ~시키다. 손해가 되면 ~당하다)

동사 25형은 한 가지로 DO + (to be) + 형/명사로 구성된다.
25형은 S + Vt + DO + (to be) + 형용사/명사 구조로 예문은,

> Most people considered him (to be) innocent.

to be는 생략이 가능하며, 회화체에서는 동사 9형을 사용한다.

표 6-1 **동사 25형 구성요소**

동사패턴		문장 구성요소
vp1		S + be동사
vp2	A	S + Vi
	B	S + Vi + (for) + 부사적 불변화사
	C	S + Vi + 부사적 불변화사
	D	S + Vi + adjective/(pro)noun
	E	S + Vi + present particle
vp3	A	S + Vi + preposition + (pro)noun
	B	S + Vi + (preposition(+it)) + clause
vp4	A	S + Vi + to-Inf(목적)
	B	S + Vi + to-Inf(결과)
	C	S + Vi + to-Inf
	D	S + seem/appear + (to be) + adjective/noun
	E	S + seem/appear/happen/chance + to-Inf
	F	S + be + to-Inf
vp5		S + 조동사+ 동사원형
vp6	A	S + Vt + (pro)noun
	B	S + Vt + (pro)noun
	C	S + Vt + gerund
	D	S + Vt + gerund
	E	S + need/want/bear + gerund
vp7	A	S + Vt + to-Inf
	B	S + have/ought + to-Inf

동사패턴		문장 구성요소
vp8		S + Vt + 의문사 + to-Inf
vp9		S + Vt + that-clause
vp10		S + Vt + 종속절/종속 의문절
vp11		S + Vt + (pro)noun + that-절

표 6-1 **동사 25형 구성요소(계속)**

동사패턴		문장 구성요소
vp12	A	S + Vt + 간접목적어(IO) + 직접목적어(DO)
	B	S + Vt + 간접목적어(IO) + 직접목적어(DO)
	C	S + Vt + (pro)noun + (pro)noun
vp13	A	S + Vt + DO + to + (pro)noun
	B	S + Vt + DO + for + (pro)noun
vp14		S + Vt + DO + 전치사 + (pro)noun
vp15	A	S + Vt + DO + 부사절
	B	S + Vt + DO + 부사적 불변화사
vp16	A	S + Vt + DO + to-Inf
	B	S + Vt + DO + as/like + (pro)noun, as if/though + 절
vp17		S + Vt + (pro)noun + to-Inf
vp18	A	S + Vt + (pro)noun + Inf(지각동사)
	B	S + Vt + (pro)noun + Inf(사역동사)
	C	S + have + (pro)noun + Inf
vp19	A	S + Vt + (pro)noun + 현재분사(지각동사)
	B	S + Vt + (pro)noun + 현재분사(비지각동사)
	C	S + Vt + (pro)noun + ~ing
vp20		S + Vt + (pro)noun + 의문사 + to-Inf
vp21		S + Vt + (pro)noun + 의문절

vp22		S + Vt + DO + 형용사
vp23		S + Vt + DO + 명사
vp24	A	S + Vt + DO + 과거분사
	B	S + have + DO + 과거분사
	C	S + have/get + DO + 과거분사
vp25		S + Vt + DO + (to be) + 형용사/명사

긴 과정이었지만 우리는 비원어민을 위한 중급영어 문장 구조인 동사 패턴 25형과 함께 예문 한 개씩과 주요한 특징을 알아보았다.

영어의 문장 패턴이 이렇게 다양함에도 아직도 기초 수준인 문장 5형식을 고집할 것인가?

이로써 동사 25형, 패턴 52개 문장을 마친다. 동사형별 상세한 설명과 예제인 202문장은 본서의 부록에서 확인하길 바란다. 평생 사용할 문장 패턴을 내 것으로 만들기 노력의 중요성을 다시 한번 강조한다. 참으로 보기 드문 주옥같은 영어 문장들이다.

영어학습의 동사에서 중요한 또 한 가지로는 동사의 12시제를 언급할 수 있다. 영어공부를 하면서 아주 많이 접했을 것이다. 간단히 정리해 보자. 동사의 12시제는 단순시제, 진행시제, 완료시제와 완료진행시제의 4가지로 구분된다. 각 시제는 현재, 과거, 미래의 3가지 시제로 구성되므로 총 12개 시제가 된다.

동사의 12시제

시제란 동사의 때를 표현하며, 시제의 종류에는 현재, 과거, 미래가 있다.

1) 단순시제는 현재, 미래, 과거시제로 구성된다.

I play the piano.	현재: 나는 피아노를 친다.
I played the piano.	과거: 나는 피아노를 쳤다.
I will play the piano.	미래: 나는 피아노를 칠 것이다.

2) 진행시제는 일이 진행 중인 상태로 현재, 과거, 미래로 구성된다.

I am playing the piano.	현재진행: 나는 피아노를 치고 있다.
I was playing the piano.	과거진행: 나는 피아노를 치고 있었다.
I will be playing the piano.	미래진행: 나는 피아노를 치고 있을 것이다.

3) 완료시제는 과거에 시작된 일이 현재에 영향을 미치는 것으로 역시 현재, 과거, 미래가 있다.

I have played the piano.   현재완료: 나는 피아노를 쳤다.

I had played the piano.   과거완료: 나는 피아노를 쳤었다.

I will have played the piano.   미래완료: 나는 피아노를 칠 것이다

완료는 그 의미를 이해하는 데 추가적인 설명이 필요한 듯하다.
다음의 두 문장을 보자.

Spring came.   봄이 왔다.

Spring has come.   봄이 왔다.

두 문장이 우리말로는 같지만, 그 속 내용은 완전히 다르다.

'Spring came.'은 과거시제로서 현재에 영향을 미치지 못한다. 즉 과거 어느 시점에 봄이 왔지만, 지금은 봄인지 아닌지 아닌지를 알 수가 없다. 반면 'Spring has come.'은 과거 어느 시점에 봄이 와서, 현재는 봄이라는 이야기다. 다시 말해서 'Spring came and it is spring now'의 두 문장이 합쳐진 의미이다. 완료시제는 영어공부를 하면서 정말로 많이 접했던 내용이기에 여기서도 강조해 본다.

4) 완료진행시제도 역시 현재, 과거, 미래로 구성된다.

I have been playing the piano.   나는 피아노를 치고 있다.

I had been playing the piano.   나는 피아노를 치고 있었다.

I will have been playing the piano.   나는 피아노를 치고 있을 것이다.

표 6-2 동사 12시제 예문

시제 종류		예문
단순시제	현재	I play the piano.
	과거	I played the piano.
	미래	I will play the piano.
진행시제	현재	I am playing the piano.
	과거	I was playing the piano.
	미래	I will be playing the piano.
완료시제	현재	I have played the piano.
	과거	I had played the piano.
	미래	I will have played the piano.
완료진행 시제	현재	I have been playing the piano.
	과거	I had been playing the piano.
	미래	I will have been playing the piano.

이상은 간단히 알아본 영어 문장 12시제의 예제들이다.

이제 동사가 조금씩 체계가 잡혀가는 것이 보인다.

실천 과제

평생 재산, 동사 25형을 예문과 함께 암기하자.

암기 방법은 한글 예문, 문장 유형, 영어 예문 순이다. 읽기와 쓰기를 통한 반복으로 일주일 아니, 한 달 만에 완성하자. 영어의 새로운 길(영작의 완성)이 열릴 것이다.

7
동사와 함께 가는 전치사를 한 방에

전치사는 영어에서는 아주 유용한 문장 구성요소이다.

"그것은 당신을 위한 것입니다."를 영작하는 경우, 전치사를 사용하면 아주 쉽다. 즉 It's for you. 이처럼 전치사는 동사와 함께 잘 사용하면, 다양한 영어 문장을 만드는 데 없어서는 안 될 중요한 핵심 요소이다.

앞에서 공부한 동사패턴 25형에서 3형, 14형, 15형은 동사가 전치사와 만나서 문장을 이루는 대표적인 사례들이다.

동사 3형은 'S + Vi + 전치사 + 명/대명사' 패턴으로 소위 구동사 (phrasal verb)로 알려진 형태이다. 구동사란 동사에 전치사가 더해져서 동사가 홀로 쓰일 때의 의미와는 전혀 다른 새로운 의미를 만드는 조합이다. 평소 생활에서 쓰이는 영어의 동사 중 80%가 구동사라는 점을 생각할 때, 그 중요성은 이루 말할 수 없다.

동사 14형은 'S + Vt + 명/대명사 + 전치사 + 명/대명사'의 패턴으로 알려진 형태이다. 특정한 동사의 표현에는 특정한 전치사가 와야 하는 문장으로, 앞의 예에서 congratulate는 on, explain은 to가 오는 것과 같이 구동사처럼 별도로 외워야 하는 어려운 암기 대상이다.

15형은 'S + Vt + 명/대명사 + 부사구'의 패턴으로 알려진 형태이다. 여기서 부사구는 전치사 + 명/대명사로 14형과 15형은 유사한 형태이지만 15형에서의 전치사는 일반적인 형태가 오기 때문에 굳이 심한 암기가 요구되지는 않는다. 그러나 암기를 해서 내 것으로 만들어야 영어가 내 손에 들어올 수 있으니 구동사와 함께 꾸준히 암기해서 좋은 결과가 있기를 바란다.

전치사 소개

여기서 소개하는 전치사의 숫자는 37개로 각각의 고유한 뜻을 가지고 있으니, 잘 구별하여 암기하면 좋은 결과가 있을 것이다.

그럼, 전치사의 종류와 그 의미를 알아보자

1) 주위에 존재하는 about

The papers were scattered about the room.

2) 저위에 있는 above

The airplane was flying a few feet above the sea.

3) 가로지르는 across

There was a rope across the street.

4) 뒤를 따르는 after

A taxi passed after a bus.

5) 대응하고 맞서는 against

No ship could sail against the wind that move her.

6) 앞쪽에 있는 ahead

He was a quick walker and soon got ahead of us.

7) 졸졸 따라가는 along

The river runs along the valley.

8) 떨어져서 apart

The two houses are 500 meters apart.

9) 주위를 도는 around

She wore a belt around her waist.

10) 대신하는 as

He was respected as a judge.

11) 한쪽에 제쳐두는 aside

He laid the book aside.

12) 콕 집어 말하는 at

I lived at 25 Kangnam-Gu street.

13) 점점 멀어지는 away

The prisoner broke away from the guards.

14) 뒤로 가는 back

He came to see us yesterday and went back home.

15) 이전에 일어난 before

He cleaned his shoes before going out.

16) 뒤에 있는 behind

The ball is behind the car.

17) 아래에 있는 below

He was sitting below the branches of a tree.

18) 바로 밑에 있는 beneath

She hid the bottle beneath the blanket.

19) 옆에 있는 beside

She would like to live beside the sea.

20) ~의 사이에 between

A river flows between its bank.

21) 저 너머에 beyond

There is a waterfall beyond the bridge.

22) 바로 옆에 by

He sat by the stove.

23) 아래로 가는 down

The ball rolled down the roof.

24) 방향과 목적의 for

He exchanged the sack for an umbrella.

25) 출발과 기원의 from

He came here from Malay yesterday.

26) 안에 쏙 들어가 있는 in

She works in an office.

27) 안으로 이동하는 into

He came into the house.

28) 소속을 밝히는 of

The door of the car is broken.

29) 떨어져 나가는 off

He fell off a chair.

30) 착 붙어있는 on

Some pictures were hanging on the wall.

31) 안에서 밖으로 나오는 out

The tunnel goes out.

32) 관통하는 through

The stone went through the window.

33) 목표를 향하는 to

Our school is close to the park.

34) 함께해서 좋은 together

He puts the parts of the table together.

35) 밑에 있는 under

The cat is lying under the table.

36) 위로 움직이는 up

The fireman climbed up the chimney.

37) 함께하는 with

We covered her with a blank.

영어에는 이렇게 많은 전치사가 다양한 의미로 사용된다.

쓰임별 전치사

이번에는 좀 더 실용적으로 사용된 예를 가지고 접근해 보자.

1) 기간 : during, while, for
  • during : 상대적으로 긴 기간

> during the winter, during the 1990s, during my freshman year

• while : 짧은 기간, 하루 내에 일어나는 경우

> a little while ago, a good while, for a short while, while in school, while on holiday, while yet in early life

• for : 문장 끝에서 어떤 행동의 기간,

> for a few days, for good,

2) 기한 : by, until

• by : 정해진 시간, 마감 시간을 의미

> by tomorrow

• until : 정해진 시간까지의 지속적인 행동

> until next Monday

3) 일정한 때 : in, on, at

• in : 달, 계절, 해, 세기 등

> in May, in spring, in 1970, in the 20th century

• on : 하루, 요일, 특정한 일이 일어난 날

> on the 1st day of May, on Sunday, on New Year's day,
> on a sunny day in July

• at : 특정한 시각 또는 때를 표현

> at night, at dawn, at 2 o'clock, at that time

AT	IN	ON
At the Top	in the Sky	On the Ceiling
At Someone's House	In Bed	On the Roof
At the Hairdresser's	In a Room	On the Second Floor
At the Doctor's	In Times Square	On a Bicycle
At the Entrance	In the Race	On a List

4) 시간의 범위 : through, throughout, since, within, toward

- through, throughout : 처음부터 끝까지 일이 계속되었음을 강조

> through the night, through a long concert

- since : 어떤 시점 이래로 지금까지 계속됨을 말할 때

> since marriage, since early childhood, since then

- within : 일정한 시간 범위 안에서 어떤 일이 일어나는 것

> within an hour, within a week, within minutes

- toward : ~ 무렵, ~경, ~가까이에의 뜻

> toward evening, toward the end of the century

5) 일의 순서 : ahead of, beyond, past

- ahead of :'그 일보다 앞서서'라는 뜻

> ahead of the others, ahead of Greenwich Mean Time

- beyond : 특정한 시간을 넘어서

> beyond 10 o'clock, beyond the present, beyond one's year

• past : 그 기간을 지나서 의미

> past middle age, half past two, past his prime, past ten

6) 일정한 장소 : in, on, at

• in : 일반적으로 넓은 지역 즉 대륙, 나라, 주, 도시 등 넓은 장소, 방, 회의실 등 어느 정도 공간이 있는 장소

> in Africa, in London, in the east, in the sky, in the lake, in bed, in school

• on : 거리명, 층수, 동서남북, 왼쪽/오른쪽 등 방향을 나타낼 때

> on 5th avenue, on the 4th floor, on the west, on the right

• at : 건물, 집 등의 특정한 장소를 콕 집어 이야기할 때

> at the station, at his office, at my uncle's

7) 위치 : about, around, throughout 여기저기, 곳곳에 등

• about, around 여기저기 곳곳에 흩어져 있는 것을 가리킬 때

> about the town, about the world, all around India

• throughout 범위의 시작과 끝을 포함한 전체를 가리킴

> throughout the country, throughout the war

• across ~늘 가로질러

> across the river, across the street, across the bridge

• over, above ~ 위에

> over one's face, over the table, over the street
> above the horizon, above the cloud, above our knees

• below, beneath, under, underneath ~아래에, 밑에

> below the horizon, below the average, below the knees
> beneath the table, underneath a bed,
> under the sea, under the tree, under the sun

• against ~에 반하여, ~에 기대어

> against the proposal, against the tree

• by, beside, next to ~ 옆에

> by the river, by my side, beside the sea, beside me
> next to door, next to me

• between ～사이에(둘 사이에)

> between A and C, between Europe and Africa

• among ～사이에(셋 이상 사이에)

> among the hills, among her children

• on ～ 위에

> on the floor, on the wall, on the table

• off ～로부터 떨어진

> off the grass, off the price

• in, inside, within ～ 안에

> in Denmark, in the sky, in the country
> within an hour, within reach

• out of, outside 바깥에

> out of town, out of water,
> outside the house, outside the evidence

- across, opposite of ~ 맞은편, ~ 반대편에

> across the channel, across the yard, across the lake

- in front of, ahead of ~의 앞에

> in front of the house, ahead of the others

- in back of, behind ~의 뒤에

> in back of the house, in back of your mind
> behind a tree, behind the door, behind the clouds

- near, close to ~ 가까이에

> near the station, near me,
> close to the church, close to the school, close to the coast

- far from ~로부터 멀리 떨어진

> far from (being) satisfaction, far from (being) tree

- beyond ~ 너머에

> beyond the bridge, beyond the rainbow

• at the top of ~의 맨 위에

at the top of your voice, at the top of the tree

• at the bottom of ~의 바닥에

at the bottom of the ladder, at the bottom of the sea

• on the bottom of ~의 아랫면에

> on the bottom of your heart, on the bottom of the cup

• on the side of ~의 옆면에

> on the side of the angels

8) 방향

• across ~을 가로지르는

> across the street, across the river, across a lake

• along, by ~을 따라서, ~옆을

> along the road, along the river banks
> by my side, by the river, by the sea

• past 옆을 지나서

> half past ten, past middle age, past the house, past work

• through ~를 통과해서

> through London, through the window, through the forest

• around ~주위에

> around India, around the block, around my waist

• to, toward ~쪽으로, ~를 향하여

> to the pub, to the ground, to the station, to Dover
> toward the sea, toward the window, toward war

• from, away from ~로부터, ~로부터 벗어나

> from a wall, from London, from the coast, from school
> away from the baby, away from the fire

• back to ~로 돌아가

> back to nature

• back from ~로부터 되돌아오는

> back from the road, back from Lunch, back from the brink

• in, into ~안으로

> in the world, in Seoul, in the village, in the Pacific Ocean
> into the garden, into the fire, into the night

• out of ~바깥으로

out of water, out of town, out of the shop

• onto ~ 위쪽에

onto the idea, onto the ground, onto the street

• off ~에서 떨어져, 벗어나서

off a ladder, off a tree, off the roof

• over ~을 넘어

over the table, over the hedge, over the fence

• down 아래로

down a hill, down the river, down her face

• up 위로

go up, take up, hold up, look up, get up

• for ～을 향하여

> go for, look for, make for, pass for

IN FRONT OF   AMONG   INTO

NEAR   OVER   OUT OF

BESIDE   AROUND   DOWN FROM

9) 수(number)

- about, around 대략(approximately)

- above, over ~ 이상(= more than)

- between ~ 사이에

- plus ~을 더하여   add 5 and/to 5.
- from ~를 빼서   subtract 6 from 9.
- by ~을 곱하여   multiply 5 by 3.
- into ~으로 나누어   divide 6 into 30/30 by 6.

10) 날씨

- in 추위, 비, 눈 등 일반적인 날씨

in the cold, in the rain, in the snow

- on 특정한 날씨가 지속하는 날 즉,

on nice days, on sunny morning, on humid nights,
on rainy weekends

- during 지진, 홍수, 태풍이 오는 동안을 나타낸다.

11) 착용

- in ~을 입은

She dressed in black.

- with ~ on ~을 입고 있는

I was born with a mole on my cheek.

• have ~ on ~을 입고 있다.

> What did she have on? She had on jeans.
> He has on his overcoat.
> She has clothes/shoes on her body.

　이상과 같이 전치사의 의미와 쓰임에 따른 용법을 함께 알아보았다. 앞에서도 언급했지만, 영어 동사에서는 구동사가 빼놓고 말할 수 없을 정도로 매우 중요한 역할을 한다. 그러므로 전치사의 중요성은 아무리 강조해도 지나치지 않을 것이다.

실천 과제

전치사를 종류별로 매일 5개씩 외워보자. 1주일 경과 후 쓰임별 전치사를 종류별 전치사와 함께 복습하면서 하루 1개씩 추가하여 암기해서 내 것으로 만들어 보자.

part
3

실전 영어, 원어민처럼
말하기가 해결된다!

8

가장 일반적인 동사 20개를 익히자

영어 동사의 또 다른 특징 중 하나는 한 단어가 여러 가지 의미가 있는 경우이다. 필자가 과거에 주요 동사를 외울 때는 무조건 외웠지만, 우리는 이미 동사패턴 25형을 배웠으므로 동사의 유형에 따른 사용법은 암기에 큰 도움이 될 것이다.

애초 10개 동사만 수록하려고 했지만, 구동사에서 많이 사용하는 가장 일반적인 동사 20개를 선택했다. 즉 break, bring, call, come, cut, get, give, go, keep, knock, look, make, pass, pick, pull, put, run, set, take, turn 등이다.

1) break

(1) [6A, 15B, 2A, C] 깨뜨리다, 깨지다, 부서지다, 부러뜨리다.

> The boy fell from the tree and broke his leg.
> He broke the box into pieces.
> Glass ~s easily.

(2) [6A, 15B, 2A, C] 분리시키다(되다), 끊(어지)다.

The door handle has broken off.

(3) [6A] 파손하다, 망가뜨리다.

He broke his old clock.

(4) [2D, 22] break even 득실이 없게 되다.
  break loose (from) 떨어지다, 풀려나다, 탈주하다.

~ a safe/door open.

(5) [2A, C] 명사와 함께

The abscess/blister/bubble broke.

(6) [6A] 파산시키다.

~ the bank.

(7) [6A, 15A, B] 훈련시키다.

~ a horse. ~ a horse to harness/to the rein.

(8) [6A, 15B] (힘으로) 굴복시키다, 진압하다.

> ~ the enemy's resistance.

(9) [6A] 반항하다, 어기다.

> ~ the law/the rules/a regulation.

(10) [6A] 중단(차단)하다, 끝내다.

> ~ (the) silence.

(11) [부사적 불변화사 및 전치사를 수반한 용법]

2) bring

(1) [6A, 15B, 13, 12, 14] 가져오다, 데려오다.

> Take this empty box away and ~ me a full one.
>
> ~ Mary to the party with you.
>
> ~ one for me.

(2) [6A, 19B, 12C, 14] 오게 하다, 생기게 하다.

> Spring ~s warm weather and flowers.
>
> The sad news brought tears to her eyes.
>
> A phone call brought him hurrying to Leeds.

(3) [17A] ~ sb/oneself to do sth ~하도록 하다, 이끌다.

> They could not ~ themselves to believe the news.
>
> She couldn't ~ herself to speak about the matter.

(4) [14] ~ against (소송 등을) 제기하다.

> ~ an action/change/an accusation against sb.

(5) [구(句)-용법]

> ~ sb to an end   ~을 끝내다.
>
> ~ sth to light   을 밝히다, 알리다.

(6) [부사적 불변화사 및 전치사를 수반한 용법]

3) call

(1) [2A, B, 3A] (큰소리로) 말하다, 소리내어 부르다.

> Why doesn't my son come when I ~ ?
>
> She ~ed to her father for help.

(2) [2A, C, 3A, 4A] (잠깐) 방문하다, 들르다.

> I ~ed on Mr. Green.
> I ~ed at Mr. Green's house.
> I ~ed to see Mr. Green.
> Mr. Green was out when I called.
> I'll ~ for you at 6 o'clock.

(3) [23] 이름 짓다, 일컫다.

> We always ~ him Dick.
> You may ~ it what you like.

(4) [22, 23] 생각하다, 간주하다.

> Do you ~ English an easy language?
> I ~ that a shame.
> I ~ that dishonest.

(5) [6A, 15A] 불러오다, 깨우다, 전갈을 보내다.

> Please ~ a doctor.
> Please ~ me at 6 tomorrow morning.

(6) [명사와의 특별용법]

~ a halt (to)   정지를 명하다.

~ a meeting   회의를 소집하다.

~ a strike   파업을 명하다.

(7) (카드놀이)비드를 선언하다, (상대방의)패를 보이라 하다.

(8) [구] ~ attention to : (아무의) 주의를 환기시키다.

~ sth in/into question   ~에 이의를 제기하다.

(9) [부사적 불변화사 및 전치사를 수반한 용법]

4) come

(1) [2A, B, C, 3A] ~ (to/from)

a) 오다, 다가오다.

May I ~ to your party?

b) 도착하다.

He's just ~ from Leeds.

c) [4A, 3A] ~ (for) 옮기다, 여행하다, 도착하다.

He has ~ here to work.

d) [2E] 오다.

> The children came running to meet us.

(2) [2C, E] ~ (into/onto/in/on) 들어오다(가다).

> ~ into the hallway out of the rain.

(3) [3A]

a) ~ to sth 도달하다, 이르다, 미치다.

> His earnings ~ to more than $5,000 a year.

b) (명사의 상태, 조건에) 도달하다.

> ~ to an agreement.

(4) [into와 함께] 도달하다.

> ~ into blossom/bud/leaf   꽃피기/싹트기/잎이 나기 시작하다.
> ~ into focus   뚜렷이 보이다, 명백해지다.

(5) ~ to sb (from sb) (유산이) 물려지다.

> He has a lot of money coming to him.
> The farm came to him on his father's death.

(6) ~ to sb (머리에) 떠오르다, 생각이 나다, 일어나다.

> The idea came to him in his bath.

(7) [4A] (~하기에) 이르다, (알게(이해하게)) 되다.

> He came to realize that he was mistaken.
> He had come to see the problem in a new light.

(8) [4A] 설명이나 이유를 물음

> How did you ~ to be so foolish?

(9) [2C] 나타나다, 자리를 차지하다.

> May ~s between April and June.
> His resignation came as a surprise.

(10) [2C, 2D] ~이다, ~이 되다, (~임이) 증명되다.

> Your dream will ~ true.
> The handle had ~ loose.

(11) [2D] (~이) 되다.

> My shoes laces have ~ undone.

(12) [2E] ~의 역할을 맡아왔다, ~인 것처럼 행동하다.

> Don't ~ to bully.

(13) (to-부정사 서술형) 장래의, 앞으로 올

> in years to ~, the life to ~.

(14) ((구어))

> She will be 21 ~ May.   오는 5월이면, 21살이 된다.

(15) [2a] 성적 흥분이 절정에 이르다.
(16) [부사적 불변화사 및 전치사를 수반한 용법]

5) cut

(1) [6A, 12B, 13B, 15A, 2A] 베다, 절개하다, 베어서 자국을 내다,
끊다, 베어 들이다.

> He ~ his face/himself while shaving.
> Don't pluck the flowers. It's better to ~ them.
> Please ~ a slice of cake for me.
> Please ~ me a slice of cake.

(2) [2A, C] 잘 들다, 잘 잘라지다.

> The knife doesn't ~ well.
> Sandstone ~s well.

(3) [6A] 빠지다, 빼먹다.

> ~ a class/a lecture.

(4) [6A] (선이) 교차하다.

> Let the point where AB ~s CD be called E.

(5) [6A] 깎아 치다, 스핀을 먹이다.

(6) [6A] 패를 빼다.

> ~ the cards/pack.

(7) [22] 아무를 못 본 체하다. ~ sb dead.

> She ~ me dead in the street.

(8) cut! [명령형] 촬영금지!

(9) [과거분사와의 용법]

이미 결정되어 바뀔 것 같지 않은

> ~ and dried

(10) [부사적 불변화사 및 전치사를 수반한 용법]

6) get

(1) [2D] ~이 되(게 하)다.

> ~ wet/tired/excited.

(2) [22, 24] 어떤 상태로 하다, ~되게 하다.

> She soon got the children ready for school.
> I must ~ the breakfast ready.
> He got his wrist broken.

(3) [2E] ~하기 시작하다.

> It's time to ~ going.

(4) [19B] 어떤 상태에 이르게 하다.

> Can you really ~ that old car going again?

(5) [4A] ~을 알게(느끼게) 되다.

> They soon got to be friends.
> When you ~ to know him, you'll like him.

(6) [17, 24C] 시키다, ~하도록 설득하다, ~하게 하다.

> You'll never ~ him to understand.
> I can't ~ this radio to work.

(7) [6A, 14] 받다, 가지다, 얻다, 입수(획득)하다.

> ~ news/knowledge/possession of ~에 대한 정보/지식을 얻다.
> Can you ~ distance stations on your transistor?

[12B, 13B] ~ me a ticket, please.

(8) [6A] (병에) 걸리다. ~ the measles.

(9) [6A] (벌로서) 받다. ~ six months.

(10) 이해하다.

> You've got it wrong.

(11) [6A] (완료시제로) 당황케 하다. 꼼짝 못하게 하다.

> That have got him.

(12) [6A] have got 가지고 있다.

> We've got a new car.

(13) [7B] have got to ~하지 않으면 안 되다.

> She has got to work hard for her living.

(14) [7A] 성공하다.

> Do you ever ~ to see him?

(15) [부사적 불변화사 및 전치사를 수반한 용법]

7) give

(1) [12A, 13A, 2A] 주다, 증여하다.

> I gave David a book.
> I gave a book to each of the boys.

(2) [12B, 16A] ~ for sth, ~ to do sth 주다, 지불하다.

> How much will you ~ me for my old car?
> I would ~ anything to know what happened.

(3) [12A, 16A] 맡기다, 위탁하다.

> ~ the porter your bags.
> ~ your money to the hotel manager.

(4) [12A] 주다, 양보하다, 수여하다.

> ~ me five minutes.
> You'd better ~ yourself half an hour for the journey.

(5) [6A, 12A, 13A] 공급하다, 마련하다.

> The sun ~s us warmth and light.
> You should ~ them a good example.

(6) [12A, 13A] 근원이 되다.

> You've ~n me your cold, I've caught a cold from you.

(7) [6A, 13A] 바치다, 헌신하다

> He gave his life to the cause of peace.

(8) [12A] (명령문에서 선택을 나타낸다.)

> ~ me a liberty or give me a death.

(9) [6A, 12A, 13A] 명사와 함께 쓰임

~ a groan/laugh/sigh/yell.

~ sb a kick/push/shove.

(10) [성구에서] give or take 넘고 처짐이 있다고 치고

She'll be here at 4 o'clock, ~ or take a few minutes.

~ way

a) 퇴각하다.

Our troops had to ~ way.

b) 지탱하지 못하다.

The ice gave way and we all went through into the water.
I felt the foundation giving way.

c) 양보하다, 우선권을 주다, 대체하다, 몸을 맡기다, 빠지다.

~ way to traffic coming in from the right.
Tears gave way to smiles.
Don't ~ way to despair/grief/tears.

(11) [2A] 구부러지다, 휘다, (압력으로) 굽다.

> The branch gave but did not break.
> His knees seemed to ~.

(12) ~n

a) 교부된 given under my hand and seal in this fifth day of May, 1705.

b) (~이) 주어지면, (~이라고) 가정하면

> ~n good health, I hope to finish the work this year.

c) 정해진, 지정된 under the ~n conditions.

> They were to meet at a ~n time and place.

d) ~n name (성에 대한) 이름

e) be given to sth/doing sth ~한 버릇이 있다.

> He's ~n to boasting.

(13) [부사적 불변화사 및 전치사를 수반한 용법]

8) go

(1) [2A, C, 3A, 4A] 가다, 향하다, 떠나다.

> He has gone to China.
> He has gone to see her sister.

(2) [2C] a) 놓이다, 자리 잡다.

> Where do you want your piano to ~ ?

b) (~에) 들어가다, 포함되다.

> My clothes won't ~ into this small suitcase.

(3) [2A/B/C, 3A] 달하다, 뻗다, 계속되다, 어떤 한계에 이르다.

> This road ~es to London.

(4) ~ on a journey/trip/outing 여행을 떠나다.

(5) ~ + 전치사 + 명사

a) 명사가 나타내는 상태로 되다./상태에서 이탈하다.

> ~ into retirement.   ~ out of fashion.
> ~ to pieces.

b) 지시된 장소로 가다. ~ to church. ~ to sea.

c) (~에) 의지하다.

(6) [3A] ~to sb ~의 소유로 돌아가다, ~에게 할당되다.

> The first prize went to Mr. Hill.

(7) [2D] (특정한 상태로) 되다. ~ blind/mad.

(8) [2A, C] 움직이다, 작용하다.

> This clock doesn't ~.

(9) [2C, D] 늘 ~한 상태(생활)이다.

> She is six months gone. (임신 6월)

(10) [2C, D, E] 진행되다.

> How's everything ~ing?

(11) [2A, C] 일하다, 작동하다.

> This machine ~es by electricity.

(12) [2A, C] 이용 가능하다, 제공되다.

> Are there any jobs ~ing?

(13) [2C, 3C] ~ (to sb) for (아무에게) 팔리다.

> The house went cheap.

(14) [3A] ~ on/in (돈이) 사용되다.

> How much of your money ~es on food and clothes/in rent.

(15) [2A, C] 포기되다, 없어지다. My sight is ~ing.

(16) [2A, C] 유통되다, 일반적으로 생각되고 (믿어지고) 있다.

> The story ~es that … ➡ It is said that …

(17) [2A] 보통 사람/물건치고는

> They're good cars as cars ~ nowadays.

(18) [2A] 실패하다, 무너지다, 부러지다, 꺾어지다.

> The bank may ~ any day.

(19) 죽다.

> He is going/has gone.

(20) [2A, C] 결정되다.

> The case went against him.

(21) 혼자 힘으로 하다.

~ it alone.

(22) [2A, C] a) 어떤 용어(곡조)를 가지다.

I'm not quite sure how the words ~/tune ~es.

b) (시, 노래가 어떤 곡에) 맞다.

It ~es to the tune of 'Three Blind Mice'.

(23) ~하러 가다.

~ and shut the door.

(24) [2A, C] 특정한 소리를 내다.

'Bang' went the gun.

(25) [6A] 선언하다.

~ two spades.

(26) [2D] (활동을) 개시하다, 시작하다.

> Well, here ~es!

(27) (미래) be ~ing to do sth

a) ~할 예정이다.

> We're ~ing to spend our holiday in Thailand this year.

b) 있을 (할) 것 같다.

> There is ~ing to be a storm.

c) 바야흐로 ~하려고 하고 있다.

> I'm ~ing to be twenty next month.

(28) [복합어] go-by 경과하다. go-slow 서행하다.

(29) [부사적 불변화사 및 전치사를 수반한 용법]

9) keep

(1) [22, 15A] (~을 어떤 상태, 위치에) 남아있게 해두다.

> The cold weather kept us indoors.
> ~ your hands in your pocket.

(2) [19B] 계속해서 ~하게 되다.

> I'm sorry I've kept you waiting.
> Please ~ the fire burning.

(3) [14] ~ sb/sth from doing sth. ~으로 하여금 ~을 하지 못하게 하다.

> We must ~ them from getting to know our plans.

[3A] ~ from doing sth. 억누르다, 참다.

> I couldn't ~ from laughing.

(4) [15B, 14] ~ sth (back) from

a) ~을 알리지 않다, 숨겨두다.

> She can ~ nothing from her friends.

b) 보류하다, 떼어두다, 주지 않다.

> They ~ back $20 a month from my salary for national insurance.

(5) [6A] 존중하다, 준수하다, 지키다.

> ~ a promise/a treaty/an appointment/the law.

(6) [6A] 경축(축하)하다.

> ~ Christmas/one's birthday.

(7) [6A] 지키다, 방어하다, 보호하다. ~ goal.

(8) [6A] 보유하다, 보전하다, 받아두다. ~ the change.

(9) [6A, 15A, 22] 부양하다, 돌보다, 유지하다.

> He ~s sheep in the highlands.

(10) [6A] 늘 팔다, 갖추어 놓다.

> No, we don't ~ them.

(11) ~ house 집안일을 꾸려 나가다(돌보다).

> His sister ~s house for him.

(12) [6A] 소유하다, 경영하다, 기르다. ~ hens/bees/pigs.

(13) [6A] 기입하다, 적다. ~ a diary. ~ accounts.

(14) [2C, D] (어떤 상태에) 있다, 계속해서 ~하다(이다).

> You'd better go to bed and ~ warm. keep cool.

(15) [6A, 2C, 3A] ~ on/to 전진을 계속하다, 계속~한 상태로 남다.

> We kept on our way/course all morning.
> ~ straight on until you get to the church.

(16) [2E, 3A] ~ (on) doing sth 계속~을 하다, ~을 빈번히(자꾸) 하다,
~ (on) giggling. ~ going ~계속 유지되다.

> I manage to ~ going.
> My shoe lace ~s (on) coming undone

(17) [2A] (음식이 상하지 않고) 유지(지속)되다.

> Will this meat ~ till tomorrow?

(18) [부사적 불변화사 및 전치사를 수반한 용법]

10) knock

(1) [6A, 15A, B, 14, 2A] 치다, 때리다, 두드리다, 부딪치다, 때려서 만들다.

> Someone is ~ing at the door/on the window.
>
> He ~ed his head on/against the wall.

(2) [6A] 깜짝 놀라게 하다. 충격을 주다.

> What ~s me is his impudence.

(3) [2A] (가솔린 엔진이) 덜컥덜컥 소리를 내다.

> The engine of this old car is ~ing badly.

(4) [6A] 비평하다, 헐뜯다.

> Why must you always ~ my driving?

(5) [복합어] knock-out : KO

(6) [부사적 불변화사 및 전치사를 수반한 용법]

11) look

(1) [2A, 3A, 4A] 보다, (눈을) 돌리다, 보려고 하다.

> ~ at the ceiling. look (down) at the floor.
>
> ~ to see whether the road is clear before you cross.

(2) [2D, 4D] ~하게 보이다, ~한 모습(표정)을 하다.

> ~ sad/ill/tired.
>
> The town always ~s deserted on Sunday mornings.
>
> The girl ~s puzzled.

(3) [2C] ~ like/as if ~처럼 보이다, ~일 것 같다.

> It ~s like salt and it is salt.
>
> It ~s like rain.
>
> She ~s as if she were about to faint.

(4) [8] 주의하다, 조사해 보다.

> ~ who's here.
>
> ~ and see whether the postman has been yet.

(5) ~ sb/sth in the eye/face ~을 보다, 직시하다.

> ~ death/one's enemy in the face.

(6) [6A] 표정을 나타내다.

> ~ one's thanks/consent.

(7) [부사적 불변화사 및 전치사를 수반한 용법]

12) make

(1) [6A, 14, 12B, 13B] ~ sth from/(out) of sth 만들다, 만들어 내다, 형성하다, 창조하다.

> I made myself a cup of tea.
> Wine is made from grapes.

(2) [6A] (깨뜨리거나 찢어서) 드러나게 하다.

> ~ a hole in the ground/a gap in a hedge.

(3) [6A, 16A] 제정하다, 설립하다.

> Who made this ridiculous rule?
> The regulations were made to protect children.

(4) [6A] 기초하다, 작성하다.

> Father is making a fresh will.

(5) [6A] 먹다, 식사하다.

> He made a hasty lunch.

(6) [6A, 12B] 일으키다, 생기게 하다.

> Why ~ a disturbance at this time of night?
> I don't want to ~ any trouble for you.

(7) [16A] (수동태) 뜻하다, 의도하다.

> John and Mary seem to have been made for each other.

(8) [22, 24A] ~하게(되게) 하다.

> The news made her happy.
> He soon made himself understood.
> His actions made him universally respected.

(9) [6A] 손에 넣다, 획득하다.

> He soon made a fortune on the stock exchange.

(10) [2A, 6A] (한판을) 이기다, (패를 내고) 따다.

He made his Queen of Hearts.

(11) [6A] (크리켓에서) 득점하다.

50 runs were made in the first hour.

(12) [2A] (조수가) 밀려들다. 빠지기 시작하다.

The ebb was now making.
The tide is making fast.

(13) ~ or break/mar 성공을 하든가 실패하든가 (양단간에) 하다.
a made man 성공한 사람

Get the Minister's help and you'll be a made man.

(14) [18B] ~하게 하다(시키다).

Can you ~ this old car?
What ~ s the grass green?

(15) [22, 18B, 23] ~으로 나타내다, 주장(단정)하다.

You've made my nose too big.
The history ~ s the King die in 1926.

(16) [6A, 25] 어림잡다(간주하다), 추정(추산)하다.

> I ~ the total (to be) about $50.

(17) [6A] ~과 같다, 총계가 ~이다, 구성하다, ~이 되다.

> His adventure ~ s excellent reading.

(18) [6A] (계속해서) ~이다, ~번이다.

> This ~ s the fifth time you've failed this exam.

(19) [6A, 23] ~이(으로) 되다.

> You will ~ a good player.
> He will ~ her a good wife.

(20) [6A] (거리를) 가다, (속도를) 유지하다, (시간에) 대다.

> The ship was making only nine knots.
> His new novel has made the best seller list.

(21) [23] 선출하다, 지명(임명)하다.

> We made you our spokesman.

(22) [12A, 13A] 제안하다, 제출하다.

> We made them two attractive proposals.

(23) ~ sth of sb/sth, make sth/sb sth. ~을 …이 되게 하다.

> We must ~ an example of him.
> Don't ~ a habit of it./Don't make it a habit.
> He had made a business of politics.

(24) [2C] ~하려는 듯이 굴다.

> He made to reply and then became silent.

(25) [6A, 14] 명사와 함께

> ~ an impression.
> ~ an appointment.

(26) [6A, 14] 명사와 함께

> ~ much ado. ~ amends.

(27) [2D] 형용사와 함께

~ certain, ~ free, ~ merry, ~ sure, ~ light of

(28) [2C, 3A] (증거가) 지시하다, 경향이 있다. ~ against

(29) (복합어) make-shift 임시변통물, 대용품

make-up

(a) 정판, 조판

(b) 성질, 기질 people of that make-up

(c) 분장도구, 분장 what a clever make-up

(d) 화장품 use too much make-up

(30) [부사적 불변화사 및 전치사를 수반한 용법]

13) pass

(1) [2A, C] 나아가다, 지나가다, 통행하다.

~ through a village. let me ~.
The two ships ~ ed each other during the night.
He ~ ed in front of me/behind me.

(2) [6A] 경과하다.

I ~ ed Miss Green in the street.

(3) [6A] 통과하다.

> The ship ~ ed the channel.
> No complaint ~ed her lips.

(4) [2A] (시간이) 지나가다.

> Six months ~ ed and still we had no news of them.

(5) [6A] (시간을) 보내다.

> How shall we ~ the evening?
> What can we do to ~ the time?

(6) [3A] 변천(변화)하다.

> When water boils, it ~es into steam.

(7) [6A, 15B, 12A, 13A] 넘겨주다, 건네주다.

> Please ~ me the butter.
> The letter was ~ed on to all the members of the family.

(8) [6A] 말하다. ~ a remark.

(9) [6A, 2A, C] 돌(리)다, 순환하다, 유통하다(시키다), 통하다.

> He ~es under the name of Mr. Green.

(10) [6A, 2A] 통과시키다, 합격(급제)하다.

> Parliament ~ed the bill.
> We have to ~ the customs before we leave.

(11) [2A, C] 일어나다, 행해지다.

> Did you see/hear what was ~ ing?
> Tell me everything that ~ed between us.

(12) [6A] 범위를 넘다, 초월하다.

> A story that ~es belief.
> It ~es my comprehension.

(13) [14] ~ sth on sth/sb 말하다, (판단을) 내리다, (형을) 언도하다.

> ~ sentence on an accused man.
> I can't ~ an opinion on your work without seeing it.

(14) [2A] 탓하지 않고 받아들이다, 너그럽게 다루어지다, 불문에 붙이다.

> His rude remarks ~ed without comment.
> I don't like it but I'll let it ~ .

(15) [2A] (카드놀이) 패스하다.

> He ~ed his hand across his forehead/his fingers through his hair.
> I ~ed a rope round the barrel.
> Will you please ~ your eye over this note?

(16) [15A] 움직이다, 나아가다

(17) (축구, 하키 등) 패스하다.

(18) [6A, 15A] (부대를) 통과시키다.

> ~ troops in review.

(19) [부사적 불변화사 및 전치사를 수반한 용법]

14) pick

(1) [6A] 따다, 뜯다, 제거하다.

> ~ flower/~ fruit.
> ~ a thread from one's coat.

(2) [6A] 찢다, 가르다, 쑤시다, 후비다.

~ rags./~ one's teeth./~ a lock.

(3) [6A] 고르다, 가려내다, 선택하다.

~ one's way along a muddy road.
~ the winning horse.

(4) [6A] 찍어 파다, 구멍을 파다.

~ hole in something.

(5) [6A] 쪼다, 쪼아서 먹다, (사람이) 조금씩 먹다.

[3A] 식욕 없이 먹다. ~ at

She only ~ed at her food.

(6) (~의 현을) 타다.

~ a banjo/the strings of a banjo.

(7) [부사적 불변화사 및 전치사를 수반한 용법]

15) pull

(1) [6A, 15A, 22, 2A] 끌다, 끌어당기다.

> The horse was ~ing a heavy cart.
> ~ your chair up to the table.
> He ~ed my ears/pulled me by the ear.
> She ~s her tights/gloves on/off.

(2) [6A, 15A, B, 2A, C] 노로 (보트를) 젓다, (보트가)저어지다.

> The men/boat ~ed for the shore.
> ~ together.

(3) [3A] ~ at/on sth

a) ~을 잡아당기다.

> ~ at/on a rope.

b) 흡수하다, 빨아들이다.

> ~ing at his pipe.
> ~ at a bottle.

(4) (명사용법)

> ~ a muscle.

(5) (경기 스포츠) (골프) 공을 왼편으로 잘못 치다.

(6) 급습하다, 약탈하다, 훔치다.

> ~ a few thousand quid.

(7) [부사적 불변화사 및 전치사를 수반한 용법]

16) put

(1) [6A, 15A] 놓아두다.

> He ~ the book on the table.
> Will you ~ a patch on these trousers.
> They've ~ a satellite into orbit round Mars.

(2) [15A] (자신을 어떤 관계에) 놓이게 하다.

> I ~ myself entirely in your hands.

(3) [14] (정신/도덕적 긴장을) 아무에게 지게 하다, 떠맡게 하다.

> They're ~ting great pressure on him.

(4) [15A] (~의) 진행에 영향을 주다.

> ~ an end to one's life.
> ~ an end/a stop to sth.

(5) [15A] (감정적, 육체적) 상태로 변화를 겪게(변하게) 하다.

> ~ oneself to death.
> ~ sb to death.

(6) [22] (형용사로) 되게 하다.

> I made put it straight.
> A short note ~ the matter right.

(7) [15A] 쓰다, 가리키다, 표시하다.

> ~ a tick against name/a price on an article.
> ~ one's signature to a will.

(8) [14] ~ sth to sb 제출하다, 제외하다, 표시하다.

> ~ a question to the vote/a resolution to the meeting.

(9) [14] ~에 대한 가치를 말하다, 평가하다.

> ~ a price/value/valuation on sth.
> The experts refused to ~ a price on the painting.

(10) [6A] (팔을 위, 바깥쪽으로 움직여) 던지다.

(11) [부사적 불변화사 및 전치사를 수반한 용법]

17) run

(1) [2A,B,C,E,4A] 달리다. 뛰다.

> ~ three miles/~ fast/~ to see what's happening
> We ran to his aid/ran to help him.

(2) [2A, B, C] 달아나다, 도망치다.

> The boys ran off./~ for your lives.

(3) [2A, B, C] 달리기 연습하다, 경주에 출전하다.

> Is he running in the 100 meters?

(4) [3A] 입후보하다. (~ for)

> ~ for president/for mayor.

(5) [6A, 15A] (경주에) 출장시키다, 입후보시키다.

> ~ two horses in the Derby.

(6) [2D, 15A] (경주에서) ~등이 되다.

> He ran second in the race.

(7) [6A] (~을) 신속히 통과하다.

> The disease ran its course.

(8) [6A] ~몸을 드러내다, 무방비 상태에 있다.

> You ~ the chance of being suspected of theft.

(9) [15A] 쫓다, 경쟁하다.

> ~ a fox to earth. 끝까지 쫓다.

(10) [2A, C] 항해하다, (물고기가) 이동하다.

> The ship was running before the wind.
> Our ship ran against/on the rocks/ahore.

(11) [2C] (미끄러지듯이) 움직이다, 굴러가다, 구르다.

> Trams ~ on rails.
> Sledges ~ well over frozen snow.

(12) [2A, C] (기계가) 돌아가다, 가동하다.

> The sewing machine doesn't ~ properly.
> The works have ceased ~ning.

(13) [2A, C] (버스가) 왕복하다, 다니다.

> The buses ~ every ten minutes.

(14) [6A] 설립하다, 경영(관리)하다, 가동시키다.

> ~ a business/a theater/a bus company.
> I can't afford to ~ a car.

(15) [6A, 15A, B] (차에 실어) 나르다.

> I'll ~ you up to town/~ you back home.

(16) [14, 15A] 빨리 움직이다.

> ~ a car into a garage.
> ~ one's eyes over a page.

(17) [2C] (생각이) 스치다.

> The thought kept running through my head.
> The news ran like wildfire.

(18) [15A] 꿰뚫다, 접촉시키다, 부딪치다.

> ~ a sword through a man.
> ~ a splinter into one's finger.
> The driver ran his car into a tree.

(19) [2A, B, C] 흐르다, 뚝뚝 떨어지다, 젖다, 번지다.

> Rivers ~ into the sea.
> The floor was running with water.

(20) [6A, 15A, B] (액체를) 흘리다, 붓다.

> ~ some hot water into the bowl.

(21) [2D] ~이 되다, ~이 돼 버리다.

> Supplies are running short/low.

(22) [2A, B, C] 미치다, 걸치다, 뻗다, 통하다, 계속되다.

> Shelves running round the walls.

(23) [2C, D] 경향이 있다. (값 등이) 대체로 ~이다.

> This author ~s to sentiment.
> Our apples ~ rather small this year.

(24) [2A] ~라고 전해지다, 씌어있다.

> The agreement ~s in these words.

(25) [2A] 올이 풀리다. 풀리다.

> Nylon tights sometimes ~.

(26) [부사적 불변화사 및 전치사를 수반한 용법]

18) set

(1) [2A] (해, 달, 별이) 지다, 저물다.

> It will be cooler when the sun has/is ~.

(2) [14] ~ sth to sth ~을 …에 가져가다, 가까이하다, 대다.

> ~ a glass to one's lips/one's lips to a glass.

(3) [22, 16A] 되게 하다, 이르게 하다, ~하게 하다.

> Foreign aid ~ the country on its feet after the war.
> That noise ~s my teeth on edge.

(4) [19B] ~으로 하여금 …하게 하다.

> It's the time we ~ the machine going.The news ~ me thinking.

(5) [6A, 15A] 놓다, 두다, 세우다.

> She ~ the dishes on the table.
> He ~ the stake in the ground.

(6) [6A, 14, 12C] 내놓다, 두다.

> The teacher ~ the children a difficult problem.
> I have set myself a difficult task.

(7) [17] ~을 하게 하다, ~하려고 노력하다.

> He ~ the farm laborer to chop wood.
> I ~ myself to study the problem.

(8) ~을 하려고 결심하다/ 희망하다 [6A, 15A]

> The boy has ~ his heart on becoming an engineering.
> I hope I never ~ eyes on that fellow again.

(9) [6A, 15A] 어떤 상태로 되게 하다.

> ~ one's watch by the time-signal on the radio.

(10) [6A, 14] ~ sth in sth, set sth with sth, 박다, 끼우다.

> ~ a diamond in gold.
> The top of the wall were ~ with broken glass.

(11) [2A, C] (조류, 흐름이) 흐르다, 움직이다, 강해지다.

> A strong current ~s through the channel.
> The wind ~s from the west.

(12) [6A, 14] (곡에) 붙이다.

> ~ a poem to music.

(13) [6A, 2A] 열매를 맺다, 결실하다.

> The apples haven't ~ well this year.

(14) [2C] (옷이) 몸에 맞다, 어울리다.

> That dress ~s rather badly.

(15) [2A, C] 마주 보고 서다,

> ~ to partner.

(16) [6A, 2A] 굳어지(게 하)다, 뻣뻣해지(게 하)다.

> The jelly is/has not ~ yet.

(17) [6A, 2A] 모양이 잡히다, 성숙해지다.

> Too much exercise may ~ a boy's muscle prematurely.

(18) (과거분사 용법) 움직이지 않는, 굳어진, 고정된.

> at a ~ time.   ~ lunches $10.
> a man of ~ opinion.   a ~ speech.

(19) [부사적 불변화사 및 전치사를 수반한 용법]

19) take

(1) [6A, 15A] 잡다, 쥐다, 집다, 껴안다.

~ sb's hand/~ sb in one's arm.
~ a man by the throat.

(2) [6A, 15A, 2A] 붙잡다, 점령하다, 포획(획득)하다, 이기다.

The rabbit was ~n in a trap.
How many tricks did you ~?

(3) [6A] 사용하다, 허락 없이 사용하다(빌리다), 훔치다.

Who has ~n my bike?

(4) [6A, 15A, B, 12A, 13A, 19B] 가지고 가다, 휴대하다, 데리고 가다, 동반하다.

~ letters to the post./~ one's wife to the cinema.
~ her some flowers.

(5) [6A, 15] 얻다, 갖다, 먹다, 마시다, 허락하다.

> You should ~ your brother into the business.
> ~ a holiday/ a walk/a bath/a deep breath.

(6) [6A, 15A, 16A] 받아들이다, 받다.

> ~ $500 for the car.

(7) [6A] 정기 구독하다.

> Which papers do you take?

(8) [6A, 15A, B] ~을 기록하다.(take down)

> ~ a photo./~ notes of a lecture.

(9) [2B, 6B, 15A] 필요로 하다.

> The work took four hours.

(10) [14, 22] ~ sb/sth for, ~ sb/sth to be 가정(추정)하다, ~로 여기다.

> I took you to be an honest man.
> Do you ~ me for a fool?

(11) [6A] (문의, 측량 등을) 알아내다.

> The doctor took my temperature.

(12) [22, 16B] (특정한 방식으로) 다루다(대하다).

> Don't ~ it so seriously.

(13) [6A] ~의 책임을 지다. ~ a class.

(14) [2A] 성공하다.

> The small pox injection did not ~.

(15) (명사와 함께하는 용법)

> ~ a delight/an interest/a pleasure/ a pride in sth,

(16) [부사적 불변화사 및 전치사를 수반한 용법]

20) turn

(1) [6A, 15A, B, 2A, C, 4A] 돌(리)다, 회전하다(시키다), 방향을 바꾸다
(돌리다).

> He ~ed his back to the wall.
> He ~ed to look at me.

(2) [6A, 14, 15A, B, 2A, C, 3A] (성질/품질/상황 등이) ~로 바뀌(게 하)다.

> This hot weather has ~ed the milk.
> Frost turns water into ice.
> Anxiety ~ed his hair white.

(3) [6A] 넘다, 넘기다, 지나다.

> He has ~ed fifty.
> It has just ~ed two.

(4) [6A] (선반을) 깎(아 만들)다. ~ brass.

(5) [6A] (옷을) 뒤집어 다시 만들다.

> I'll have this old overcoat ~ed.

(6) (복합어) ~cock 수도 급수전 계원 ~key 간수

~table 회전반, 회전대, ~stile 회전식 문

(7) [부사적 불변화사 및 전치사를 수반한 용법]

동사는 영어의 주된 구성요소이며, 기둥으로 영어학습의 가장 큰 재산이다. 특히 문장 구조를 확립하는 데 꼭 필요한 요소이다. 가장 일반적인 동사 20개의 만남을 통해서 동사의 다양한 용법을 늘려가는 것은 영어의 이해를 풍부하게 하는 요소이기도 하다. 계속적 관심과 반복이 요구되는 시점이다.

동사 20개를 매일 하나씩만, 차분히 동사패턴 25를 상기하면서 반복해 보자. 영어에서 가장 지루하지만, 큰 힘이 되는 과정이다. 다시 한번 유아의 언어습득 노력을 상기하자.

(주당 5개, 한 달에 20개, 10회 반복을 목표로 장기전이다.)

9
듣기/말하기의 완성은 연음이 결정한다

지금까지 영어의 기초 발음(A~Z), 단어, 문장 구조(동사패턴 25형)를 공부했고, 이제는 영어 듣기 학습에서 가장 많은 시간이 소요되는 문장의 연음(連音) 듣기 방법을 공부해 보자.

필자도 1993년 인도(India)에서 인구학(Population Study)을 배우기 위해 1년간 유학한 경험이 있다. 이때는 워크맨이라는 카세트를 가지고 반복적인 듣기를 통해서 듣기 연습을 하던 시절이었다. 필자도 공무원 영어시험(LATT)에 합격해서 유학을 가게 되었다. LATT는 영어 필기(100점)와 인터뷰(100점)로 시험을 치른다. 대부분 필기시험은 점수가 잘 나오지만, 인터뷰는 외국인과 직접 묻고 답하기를 하면서 치르는 시험이라 듣기와 말하기가 약한 한국인에게는 아주 불편한 시험이었다.

인구학 과정에 참가하기 위해서, 인도 뭄바이(옛 봄베이)에 있는 인구학 연구소(IIPS)에 도착해 여장을 풀고 수업을 듣는데, 문제는 강의 내용이 전혀 들리지 않는 것이었다. 시장이나 기숙사에서의 간단한 대화는 되는데, 영어로 진행하는 수업은 영 듣지를 못해서 현지 생활에서 많은 고전을 했었다. 매일 같이 수업을 듣고, 옆 동료들에게 물어서 과목별 숙제를 했다. 저녁을 먹고서는 TV 앞에 앉아서, 영국 BBC 방송을 듣는 반복적인 생활을 계속하였다.

그로부터 약 6개월이 지나서야, 듣는 귀가 트이고 말이 제대로 나오기 시작했다. 결국 졸업할 때가 되어서야 제대로 대화를 할 수 있어서, 발표나 인터뷰도 잘 수행하였다. 특히 외부에서 초빙한 교수와의 구술시험(oral test)에서 outstanding을 받기도 했다. 1년 과정을 마치고 졸업 후, 1994년 5월 한국으로 귀국하였다. 1994년 겨울 미국 워싱턴에서 개최된 영어로 진행하는 인구동태(vital statistics) 과정(3주 과정)에 참가했다. 인도에서 고생하면서 배운 영어가 미국에 가도 잘 통용된다는 것을 몸소 체험했다. 말하기와 듣기 등 수업을 듣고, 토론하는 수업 과정에서 불편이 없을 정도로 아주 훌륭했다.

지금에 와서 생각해 보면, 그 당시 만일 듣기에 대한 학습 방법과 발음의 원리 등을 알고 대처했더라면 하는 아쉬움이 든다. 훈민정음과 발음 원리를 미리 알았다면, 그렇게 고생할 필요가 없었을 텐데 하는 아쉬움이 남는다. 즉 귀가 열리는 데, 군이 6개월까지 걸리지도 않았을 것이다. 지금은 세상이 발전해서 다양한 영어 듣기 방법이 나오고, 좋은 인터넷 강의와 영어강의 유튜버가 존재하지만, 한국인에게 최적화된 훈민정음을 기반으로 발음 학습을 하는 경우는 많지 않으리라. 이것이 필자가 이 책을 기반으로 영어강의를 해보려고 하는 진정한 이유이다.

문장에서 연음 공부하기

영어 문장 듣기의 핵심은 무엇인가? 다음의 예를 보자.

> **This is a book.**   이것은 책이다.

위 문장을 발음해 보자. this[ㅇ디스] is[이ㅇ즈] a[어] book[북]이다. 순서대로 정확하게 듣고, 발음할 수 있다.

그러나 현실은 어떠한가? 미국은 실용주의(pragmatism)의 영향으로 영어 발음을 빠르게 하는 경향이 있다. 윤재성 영어에서는 "네이티브가 영어 문장을 발음할 때는 모든 단어에 악센트를 넣어 빠르게 발음한다"라고 한다. 이때 문장에서 발생하는 것이 연음 효과이다. 즉 문장 내의 단어 중에서 앞 단어의 자음과 뒤 단어의 모음이 만나면 발음 방법이 바뀐다.

This와 is는 앞 단어의 자음(s)과 뒤 단어의 모음(i)이 만나게 되고, 다음의 is와 a가 만나게 된다. 그러면 실제 발음 방법이 [Thi si sa book.]의 문장이 된다. 즉 [ㅇ디 시ㅇ저 북]이라고 발음이 된다. 여기서 특징은 자음과 모음이 만날 때만, 연음현상이 생기지 다른 경우는 영향을 받지 않는다. 우리에게 필요한 것은 [ㅇ디 시ㅇ저 북]을 'This is a book'으로 이해할 수 있는 듣기 능력이다.

비슷한 예를 하나 더 들어보자. 미국의 서부극을 보면 주인공이 악당을 혼내면서 하는 말이 있다. [게라리 히어]이다. [게라리]라니 무슨 말인가? 그런 단어는 영어에는 없다. [히어](here)는 알고 있다. 실제 영어표현은 'get out of here'이다. get의 't'와 out의 'o'가 만나고, out의 't'와 of의 'o'가 만나 [ge tou tof here]로 발음 된다.

여기에 추가 발음법칙이 포함된다. 모음 사이의 't'는 'r'로 발음이 변하고, 유사한 자음이 겹칠 때는 발음하기 불편한 자음은 소멸한다는 법칙이다. 그러면 'ge rou ro here'가 된다. 그래서 빨리 발음하면, [게ㅇ라ㅇ리 히어]가 되는 것이다. 다음 예를 보자.

> **We chanced to meet in the park.**

[위 챈스드 투 밋 인 더 파알]은 [위 챈스 두 미린 더 파알]

으로 발음된다. chanced to에서 d와 t가 만나면서 앞의 d 발음이 생략
되고, meet와 in이 만나면서 모음 사이의 t는 r로 바뀌면서 [밋 인]은 [미
린]으로 발음이 되는 것이다. 다음의 예를 보자.

> He sold his old car to one of his neighbors.

[히 소울드 히ㅇ즈 오울드 카 투 원 오ㅇ프 히ㅇ즈 네이벌스]는 [히 소
울 디ㅇ즈 오울 카/투 워노ㅇ피ㅇ즈/네이벌스]이다.

여기서 의문이 sold his와 his old가 동시에 연음에 걸린다. 그런데
sold his만 [소울 디스]로 발음되고, his old는 배제되어 [소울 디스 오울]
로 발음이 된다는 것이다. 이것은 문장의 강세와 리듬 등과 관련이 있다
고 본다. 영어는 끊어 읽기와 강세를 섞어서 물이 흐르듯이 빠르게 발음
하는 특징이 있다.

조금 긴 문장으로 예를 하나 더 들어보자.

> Don't let the child put his head out of the car window.

[돈트 을렛 ㅇ더 차일드 풋 히스 헤드 아웃 오ㅇ프 더 칼윈도우]는 [돈
을레더 차일드/푸리스 헤라러더/카 윈도우]로 발음이 된다.

여기서 '/' 기호는 끊어 읽기 표시이다. 'don't'의 n't에서 t 발음 생략,
'let the'에서 t 발음 생략, 'put his'가 연음으로 [푸리스]로 발음되고,
head out of the에서 연음과 함께 어려운 발음인 f가 생략되면, [헤라
러ㅇ더]로 발음된다. 연음 공부를 하기에는 더없이 좋은 문장이라고 생각
된다.

몇 개의 추가 사례를 소개해 본다.

> Did you/ wind the/ clock up?
>
> The sun/ keeps us/ warm.
>
> They always/ call him/ Dick.
>
> It was a pity/ the weather/ was so bad.
>
> I'll soon/ catch up/ with you.
>
> What has/ happened to/ them.
>
> He/ declared that he/ was innocent.

이러한 현상은 특히 구동사에서 많이 발생하는데 다음과 같은 예문 등이
있다.

far away	[ㅇ파ㄹ 어웨이]는 [ㅇ파 러웨이]
think about	[ㅇ딩크 어바우트]는 [ㅇ딩 꺼 바웃]
give it a try	[기ㅇ브 잇 어 트라이]는 [기 ㅇ비 러 추라이]
make up	[메이크 업]은 [메이 컵]
part of it	[파앗 오ㅇㅍ 잇]은 [파 러 ㅇ피]
take it out	[테이크 잇 아웃]은 [테이 키 라웃]
wrap it up	[ㅇ랩 잇 업]은 [ㅇ래 피 ㅇ렆]

영어 발음의 법칙 모음

1) 유사한 자음이 겹칠 때 어려운 발음이 생략된다.

What's the	[윗츠 더]가 [윗-써]
is there	[이즈 ㅇ데어]가 [이 ㅇ제-어ㄹ]
been there	[빈 데어]가 [비 네어ㄹ]
hotter than	[핫터 덴]가 [하러 랜]

등이 좋은 예이다.

이외에도 몇 가지 추가적인 발음법칙을 알아두면, 훌륭한 듣기 학습에 많은 도움이 되니 계속 알아보자.

2) 같은 자음이 겹치는 경우 앞 자음이 생략된다.

gas station(주유소)은 [개스 스테이션]이다. 이때 gas의 끝 자음 's'와 station의 첫 자음 's'가 만나면 앞의 자음인 's'가 소멸된다. 즉 ga station(즉 [개 스테이션])이 된다. 예로써,

warm milk	[웜 밀크]는 [워ㄹ 미-얼]
had dinner	[해드 디너]는 [해 디너]
bus stop	[버스 스톱]은 [버 스탑]
police say	[폴리스 세이]는 [폴리 세이]
less sexy	[을레스 섹시]는 [을레 섹시]
take care	[테이크 케어]는 [테이 케어] 등등

※ 미국에서는 모음 'o'에 악센트가 있으면 [아]로 발음

3) 또한 자음 사이에 오는 't'는 생략된다.

| just now | [저스트 나우]는 [져스 나우] |
| next day | [넥스트 데이]는 [넥스 데이] 등등 |

4) 자음에 세 개 이상이 동시에 오면, 중간 자음은 생략된다.

| thanks | [ㅇ댕크스]는 [ㅇ댕쓰] |
| postpone | [포스트폰]은 [포스폰] 등등 |

5) 자음이 2~3개가 연달아 올 때 발음

comma	[콤머]는 [카머]
grammar	[그램머ㄹ]는 [그래머어]
summary	[썸머ㅇ리]는 [써머ㅇ리]
cannon	[캔넌]은 [캐넌]
appointment	[어포인트먼트]는 [어포인먼(트)]
counts	[카운트스]는 [카운스] 등이 있다.

6) of는 발음이 어려운 'f'가 약음으로 소리가 나지 않는다.

a cup of coffee	[어 컵 어ㅇ프 커ㅇ피]는 [어 커 퍼 커ㅇ피]
a lot of traffic	[어 을랏 어ㅇ프 트래ㅇ픽]은 [어 을라ㄹ어 추래ㅇ픽]
first of all	[ㅇ펄스트 어ㅇ프 올]은 [ㅇ펄스 터ㅇ퍼 올] 등

7) 자음 't, d, nt, rt, rd'가 모음과 모음 사이에 위치하면서 뒤 모음에 강
세가 없으면 't, d'는 [r]로 'nt'는 [ㄴ]으로 'rt, rd'는 [r]로 발음된다.

artifact	[알터ㅇ팩트]는 [아러ㅇ팩]
Carter	[카아터ㄹ]는 [카아러어]
moderate	[마더럿]은 [마러럿]
satisfy	[새티스ㅇ파이]는 [새리스ㅇ파이]
sentiment	[센티먼트]는 [세너먼] 등

8) ra, re, ri, ro, ru에 강세가 없으면 'r' 발음이 생략되거나, 아주 약하게
발음하는 경향이 있다.

foreigner	[ㅇ포리너]는 [ㅇㅍ안어]
lucrative	[루크러티ㅇ브]는 [루카티ㅇ브 or 루커ㅇ리ㅇ브]
preliminary	[프ㅇ리을리미너리]는 [플리미너리]
prohibit	[프ㅇ로히빗]은 [프히빗]
prolific	[프ㅇ로을리ㅇ픽]은 [펄리ㅇ픽]
secretary	[세크ㅇ레터리]는 [세크터리 or 세커테리]
temperature	[템퍼ㅇ리처]는 [템퍼처] 등이 있다.

9) sts, stss, tss, ststh에서는 끝 자음만 발음한다.

analysts think	[애널리스쯔 ㅇ딩크]는 [애널리 ㅇ딩(크)]
best seller	[베스트 셀러]는 [배 쎌러]
most say	[모스트 쎄이]는 [모 쎄이]
reports say	[리풋쯔 쎄이]는 [리풋 세이]
tourists say	[투어리스쯔 쎄이]는 [투어리 쎄이]
next stop	[넥스트 스탑]은 [넥 스탑] 등이 있다.

10) ~ntly, ~tely로 끝날 때, 't'의 발음은 안 한다.

currently	[커ㅇ런틀리]는 [커ㅇ런리]
lately	[을레이틀리]는 [을레잇리]
absolutely	[앱솔루틀리]는 [앱썰룻리]
accurately	[애큐리틀리]는 [애큐릿리]
fluently	[ㅇ플루언틀리]는 [ㅇ플루언리]
immediately	[이미디어틀리]는 [이미디엇리]
recently	[ㅇ리쓴틀리]는 [ㅇ리쓴리] 등등이다.

11) 이 밖에도 비음이 들어가는 경우 발음하는 방법, 즉

button	[벗, 은],	cotton	[캇, 은]
eaten	[잇, 은],	rotten	[ㅇ랏, 은]
Manhattan	[맨햇, 은],	mitten	[밋, 은]
tighten	[타잇, 은],	written	[ㅇ릿, 은] 등

이 단어들의 발음 요령은 비음(은)을 내기 전에 재빨리 끊었다가 비음으로 넘어가는 것이라는데 아직도 어려운 발음이다.

이 밖에도 몇 가지 법칙이 더 있지만, 본서에서는 여기까지만 소개한다. 시중에 나와 있는 참고서를 참조하길 바란다.

한 번 더 강조하고 싶은 사항으로, 영어 문장 읽기에는 리듬과 박자가 있다. 끊어 읽기와 리듬/박자는 또한 연음법칙과도 중요한 관련이 있음을 앞에서 언급하였다.

필자가 듣기를 공부하던 시절, 헨리 홍의 『영어 발음 구구단』이라는 책을 보면서 새로움을 느낀 적이 있다. 기타를 치면서 영어 발음 공부를 하는 모습을 보면서 깊은 감명을 받은 적이 있다. 우리가 읽는 영어와 원어민이 읽는 영어가 차이가 나는 주요한 이유인 것 같다. 비원어민인 우리가 관심을 가지고 지속적인 노력을 하다 보면, 어느 순간에 이루어지는 과정일 것이다. 독자 여러분의 지속적인 관심과 비약적인 발전을 기원한다.

고교 시절, 발음도 제대로 안 되시는 영어 선생님께서 듣기를 해보라면서 영어책의 본문을 읽어주시면, 그것을 들어보려고 열심히 노력했던 기억이 생생하다. 어려운 환경에서 공부하던 세대는 지금도 영어에 어려움을 겪고 있다. 필자도 역시 유학을 두 번이나 다녀왔지만, 아직도 영어 듣기에는 어려움이 남아있다. 영어는 그렇게 어려운 언어도 아닌데, 잠시 잠깐의 잘못된 역사를 겪는 동안 대한민국 역사와 함께 엄청난 수난과 고통이 현재까지 이어지는 것을 보았다. 한번 잘못된 고리에 끼이면, 감내해야 하는 어려움과 고통에서 헤어 나오는 길은 제대로 된 원인 규명과 그 원인을 해결하려는 끊임없는 노력뿐이며, 이것이 문제를 해결하는 지름길이요, 살길이라는 생각이 든다.

어차피 해야 할 영어 공부라면, 앞에서 공부한 정확한 영어 발음과 악센트를 기반으로 단어와 문장에서 일어나는 발음법칙을 잘 숙지하고, 반복적으로 말하고, 듣고, 암기해서 내 것을 만드는 것만이 영어의 늪에서 헤어 나오는 방법임을 다시 한번 강조하고 싶다. 독자님들의 건승을 빌어 본다.

실천 과제

매일 한 번씩 동사패턴 25 예문을 읽으면서 연음과 발음법칙을 확인해 보자. 티끌 모아 패턴의 완성이다. 듣기/말하기의 마지막 단계이니, 어린 시절 젖 먹던 힘까지 더하는 노력으로 나아가자. 이제 고지가 눈앞이다

10
어렵지만 꼭 암기해야 하는 구동사를 내 것으로

이 장에서는 영어 동사패턴 25형에서 3형(S+Vi+전치사), 14형(S+Vt+명사/대명사+전치사+명사/대명사)과 15형(S+Vt+명사/대명사+부사구)에 해당하는 구동사를 알아보자.

구동사(Phrasal verb)란 동사와 불변화사(부사, 전치사)로 구성되어 있다. 구동사는 1,000개가 넘으며 명사, 형용사와 관계되어 있다. 가장 일반적인 불변화사는 아래와 같다.

> about, (a)round, at, away, back, down, for, in, into, off, on, out over, through, to, up

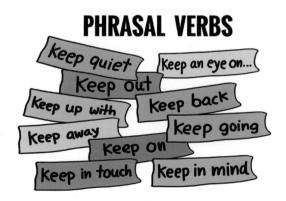

구동사란 무엇인가?

그러면 구동사에 대해서 알아야 할 규칙은 무엇인가?

첫째, 단위(unit)로서 구동사의 의미를 알아야 한다.

예로써, look은 눈을 사용하는 것을 의미하고, up은 down의 반대 의미이다. 그러나 look up은 여러 의미를 가질 수 있다.

Look the word up in the dictionary. (= search for information in a book/computer)

I'll look you up next time, I'm in London. (= visit sb you have not seen for a long time)

Things are looking up. (= improve)

둘째, 구동사의 문법 패턴을 알 필요가 있다. 즉 동사가 목적어를 취하는지 여부 등.

표 10-1 구동사의 문법패턴

문법 패턴	설명	예제
eat out	목적어 없음	
	We were too tired to cook at home so we decided to eat out. (= eat in a restaurant)	
bring back sth, bring sth back	동사는 비인간 목적어를 가진다.	
	This photograph brings back happy memories.	
ask out sb/ ask sb out	사람 목적어를 갖는다	
	I'd love to ask Poppy out. (= invite Poppy to go to a place)	

look after sb/sth	사람/비인간 목적어를 갖는다.
	I'll look after the baby while you're cooking. Will you look after my plants while I'm away.
ring sb back	목적어는 파티클 앞에 위치한다.
	I'll bring you back later. (Phone you again)
look after sb/sth	목적어는 파티클 뒤에 위치한다.
	Can you look after the cat while I'm away?
drop off sth/sb drop sb/sth off	목적어의 위치가 둘 다 가능하다.
	I dropped off the present at her house. (= delivered/left)

구동사의 의미

가장 일반적인 동사들

> break, bring, call, come, cut, get, give, go, keep, knock, look, make, pass, pick, pull, put, run, set, take, turn

구동사의 동의어

구동사는 종종 거의 같은 의미인 한 단어의 동사로 대체될 수 있다. 한 동사 동의어가 종종 공식적이지만, 항상 그렇지는 않다.

phrasal verb	single-verb synonym
put off	postpone
take off	remove
turn up	arrive

less formal	more formal
Let's put off the meeting until Friday.	Let's postpone the meeting until Friday.
please take off your shoes when you enter the temple.	please remove your shoes when you enter the temple.
Everyone turned up on time for the meeting.	Everyone arrive on time for the meeting.

구동사에 기초한 명사/형용사

동사 + 불변화사(particle)로 만든 명사

break-in, drop-out, rip-off, look-out, mix-up, rut-down 등

불변화사 + 동사로 만든 명사

phrasal verb	particle + verb 명사
set out	outset
fall down	downfall
look on	onlooker

형용사

구동사에 기초해서 만들어진 형용사가 있다.

broken-down, breakdown, blocked-up 등

여러 의미를 가진 구동사

구동사는 여러 가지 의미를 가질 수 있다.

구동사에 쓰이는 핵심 동사

come, get, go, look, make, put, take 등 7개를 지정

핵심 불변화사

up, out, off, on and in, down and over, around and about, for and with, through and back, into and away

구동사 암기에 참고할 자료

무조건 암기를 강요하는 우리 교육과는 달리 Cambridge university press에서 발행한 『English phrasal verb in use』에서는 위에서 본 구동사의 정의 외에도, 구동사를 5개의 분야로 나누고, 분야별 8~10개 주제로 구분하여 수록해서, 구동사 이해와 암기가 용이하게 하였다.

5개 분야는 다음과 같다.
1) 개념(Concepts) 2) 기능(Functions) 3) 일(Work), 공부(study)와 금융(finance) 4) 개인 생활(Personal life) 5) 우리 주변의 세계(The world around us)

1) 「개념」은 아래의 9개 분야로 세분하였다.

① 시간: 시간 보내기 ② 시간: 시간의 흐름 ③ 위치 ④ 원인과 결과 ⑤ 변화 ⑥ 성공과 실패 ⑦ 시작과 마무리 ⑧ 행동과 움직임 ⑨ 파괴와 파괴에 대한 반응

2) 「기능」도 아래의 10개 분야로 세분하였다.

① 사람과 장소 묘사 ② 공개이벤트 설명 ③ 상황 묘사 ④ 정보를 주고받기 ⑤ 문제 풀기 ⑥ 결정과 계획 ⑦ 동의하지 않기 ⑧ 설득하기 ⑨ 칭찬과 비난 ⑩ 감탄과 경고

3) 「일, 공부와 금융」도 9개 분야로 세분하였다.

① 교실과 배움 ② 학창 시절 : 강좌와 시험 ③) 학창 시절 : 읽기와 쓰기 ④ 일 : 직업과 경력 ⑤ 일 : 바쁘다 ⑥ 돈 : 급여, 청구서, 지불 ⑦ 돈 : 사고팔기 ⑧ 사업 ⑨ 사람들에게 전화하기

4) 「개인 생활」도 아래의 10개 분야로 세분하였다.

① 감정 ② 관계 ③ 관계: 문제 ④ 비밀과 대화 ⑤ 인생의 단계 ⑥ 건강 ⑦ 운동 ⑧ 집과 일일 경로 ⑨ 사교 ⑩ 음식과 음료

5) 「우리 주변의 세계」도 아래의 8개 분야로 세분하였다.

① 기후 ② 여행 ③ 다이빙과 자전거 타기 ④ 휴대 기기 ⑤ 컴퓨터 ⑥ 뉴스 ⑦ 범죄 ⑧ 권력과 권위

구동사 동의어

필자가 필리핀 유학 시절 함께 거주하던 마을에 사는 중국계 필리핀인(미스터 씨)과 잘 지냈었다. 하루는 미스터 씨가 필자에게 필리핀에서 영어를 배우는 방법을 이야기하면서, 구동사의 한 단어 동의어를 강조했다. 즉 vomit(토하다)는 throw up을 함께 암기해서 대화 중에 사용한다고 말한 것이 생각이 난다. 이번 구동사 편에서는 주로 한 단어 동의어를 정리

하는 것에 초점을 맞추고자 한다. 그 외의 구동사도 함께 암기할 것을 권한다. 아래 구동사는 필자가 영영한 사전 등에서 직접 찾아서 정리한 구동사의 한 단어 동사 정의어 자료이다.

구동사의 한 단어 동사 동의어(single-verb synonym)

1) abide by : keep

   ex You must abide by your promise.

2) account for : explain

   ex He is ill, that accounts for his absence.

3) add to : increase

   ex This adds to the expense.

4) add up : indicate

   ex The figures add up to 365.

5) appeal to : plead

   ex The prisoner appealed to the judge for mercy.

6) back down : withdraw

   ex He has backed down from the position he took last week.

7) back out (of) : withdraw

   ex He promised to help and then backed out.

8) back up : support

   ex He backed up a friend in an argument.

9) bear down : overcome, defeat

   ex They bore down the enemy.

ex He bore down all resistance.

10) bear in mind : remember

ex You must bear his advice in mind.

11) break up : scatter, disintegrate

ex The ship was breaking up on the rocks.

ex The police broke up the meeting.

12) bring back : return, restore

ex Please bring back the books tomorrow.

ex Her stay among the mountains brought her back to health.

13) bring forth : produce

ex What will the future bring forth?

14) bring in : introduce, admit

ex He brought in a Bill on road safety.

ex They have brought in experts to advise on the scheme.

15) bring off : rescue

ex The passengers and crew were brought off by the Deal lifeboat.

16) bring on : produce

ex He was out all day and this brought on a bad cold.

17) bring out : publish

ex When are the publishers bringing out his new book?

18) bring through : save

ex He was very ill but the doctor brought him through.

19) bring under : subdue, discipline

ex The rebels were quickly brought under.

20) bring up : educate, rear, vomit

ex She has brought up five children.

ex He brought up his dinner.

21) buy up : purchase

ex I will buy them up.

22) call down : reprimand, scold

ex He was called down by his boss coming late to work.

23) call for : demand, require

ex The occasion calls for prompt action.

24) call off : cancel

ex The meeting was called off because of the rain.

25) call up : telephone

ex Don't call me up in the morning.

26) care for : like

ex Would you care for a walk?

27) carry off : win

ex Tom carried off all the school prizes.

28) carry on : conduct, manage

ex Rising cost made it hard to carry on the business.

ex It's difficult to carry on a conversation at a noisy party.

29) carry out : fulfill, complete

ex carry out a promise/threat/plan/instrument.

ex You must carry out the plan immediately.

30) carry through : overcome, complete

ex Their courage will carry them through.

ex Having made a promise, you must carry it through.

31) catch on : understand

ex He is very quick to catch on to things.

32) come across : meet

ex I came across this old brooch in a curio shop.

33) come by : obtain, visit

ex Food and clothing are not to be come by without toil.

ex When I have time, I will come by.

34) come over : visit

ex Why don't you come over to England for a holidays?

35) come to : recover

ex After a while she came to.

36) come up with : produce, find

ex We came up with a party of hikers.

37) Count in : include

ex If you're all going to the pub for a drink, you can count me in.

38) count out : exclude

ex If it's going to be a rowdy party, count me out.

39) cut back on : reduce

ex cut back on production.

40) cut down on : reduce, curtail

ex He's trying to cut down on cigarette and beer.

41) cut in : interrupt

ex I was going to speak, when she cut in unexpectedly.

42) cut out : excise

ex That's an interesting article, I'll cut it out.

43) check out : investigate

ex Check out the prices at our new store.

44) deal with : manage

ex He deals fairly with his pupils.

45) do away with : abolish, destroy

ex You must do away with the evil practice.

ex He did away with himself.

46) draw up : prepare, compose

ex draw up a contract.

47) drop in : visit

ex I wish he wouldn't drop in on me so often.

48) dwell on : think

ex She dwells too much on her past.

49) fall on : attack

ex The enemy fell on them as they slept.

50) fall to : begin

ex They fell to crying at the sad news.

51) feel for : grope

ex Then he stopped and felt for his purse.

52) find out : discover

ex Do you think the police will find us out?

53) figure out : understand

ex I can't figure out what the writer is trying to say.

54) find fault with : criticize

   ex It is easy to find fault with the work of others.

55) find one's way : reach

   ex Rivers find their way to the sea.

56) get along : manage

   ex We cannot get along without money.

57) get at : reach, discover

   ex The books are locked up and I cannot get at them.

   ex It is not easy to get at the meaning of every idiom.

58) get away : escape, leave

   ex He got away from the police.

59) get by : manage, pass

   ex How can we get by on such low wages?

60) get hold of : grasp

   ex Get hold of this rope.

61) get in : arrive, elect

   ex The train got in five minutes early.

   ex He got in for Islington.

62) get off : start, remove

   ex We got off immediately after breakfast.

   ex She got off her glove.

63) get on : succeed, ride, board

   ex He's sure to get on in life.

   ex I always get on the bus at Sinchon.

64) get out : produce, publish

ex Will he get the new dictionary out by the end of the year?

65) get out of : avoid, escape

ex I could get out of that wedding

66) get over : overcome

ex She can get over her shyness.

67) get over with : complete

ex I have to see my dentist today; I'll be glad to get it over with.

68) get rid of : eliminate

ex It is not easy to get rid of a bad habit.

69) get together : meet, gather.

ex Let's get together one evening and talk about old times.

70) get through : finish

ex Try to get through the task as soon as possible.

71) get to : reach

ex I missed the bus and couldn't get to the office in time.

72) get up : rise

ex What time do you get up?

73) give away : distribute, disclose

ex He gave away all his money.

ex His pronunciation gave him away.

74) give back : return, restore

ex give a thing back to its rightful owner.

ex give a man back his liberty.

75) give birth to : bear, produce

ex She gave birth to a girl-baby.

76) give in : submit, collapse

ex Please give in your examination paper now.

ex The floor gave in under the weight of the heavy safe.

77) give out : distribute

ex An usher stood at the door giving out programs.

78) give over : stop

ex Give over crying.

79) give rise to : cause

ex The same causes always give rise to the same effects.

80) give up : abandon, surrender

ex He gave up the attempt in despair.

ex When they surrendered by the enemy, they gave up.

81) give way : retreat

ex Our troops had to give way.

82) go ahead : advance, proceed, surpass

ex Go ahead with your work.

83) go off : explode

ex The firecracker went off with a bang.

84) go on : continue

ex It won't go on beyond midnight.

85) go over : repeat, examine, check, cross

ex Let's go over this lesson again.

ex We should go over the house before deciding to rent it.

86) go through : suffer, experience

ex You never know what he went through to educate his children.

87) grow up : develop

ex A warm friendship grew up between the two men.

88) hand down : bequeath

ex The story was handed down to posterity.

89) hand in : submit

ex Stop writing and hand in your papers.

90) hand out : distribute

ex Please hand out the materials.

91) hold on : wait, grasp, continue

ex He told me to hold on for a while.

ex You should hold on to your oil shares.

ex You must hold on in this job.

92) hold out : maintain, last, resist

ex He held out her hand.

ex How long can the enemy hold out?

93) hold over : postpone

ex The matter was held over until the next meeting.

94) hold up : support, delay

ex I will hold up your right.

ex They were held up by fog.

95) inquire into : investigate

ex We inquired into the affair.

96) inquire of : ask

ex I inquire of him if he would come.

97) join in : participate

ex Will you join us in a walk?

98) keep an eyes on : watch, guard

ex Keep an eye on my suitcase while I buy my ticket.

99) keep ~ in mind : remember

ex Keep my words well in mind.

100) kick off : begin, start

ex What time shall we kick off?

101) keep on : continue

ex Keep on as you began.

102) learn ~ by heart : memorize

ex It makes much trouble to learn it by heart.

103) leave off : stop

ex It's the time to leave off the work.

104) leave out : omit, exclude, neglect

ex You have left out her name on this list.

105) let down : disappoint

ex Harry will never let you down.

106) let on : reveal

ex Don't let on to Helen that we are going to the movies.

107) let go of : release

ex Don't let go of the rope until I tell you.

108) let up : slacken

ex It has rained for three days without letting up.

109) long for : yearn

ex After years of war, the people long for a lasting peace.

110) look down on : despise

ex You must not look down on poor people.

111) look for : expect

ex Those who wish for a quiet and peaceful life must not look for greatness.

112) look forward to : anticipate

ex I am looking forward to the day when I shall see her.

113) look into : investigate

ex The police are looking into other past record of the man.

114) look on : regard

ex We look on him as an authority on the subject.

115) look over : examine, watch

ex I looked over the goods one by one.

116) look up : improve

ex Business is looking up.

117) look up to : respect

ex Our director is a man whom everybody looks up to.

118) make a face : grimace

ex He made a face when he lost.

119) make a fool of : scoff

ex He made a fool of me.

120) make away with : destroy

   ex He made away with those who stood in the way.

121) make believe : pretend

   ex He made believe not to hear me.

122) make for : attack, contribute

   ex The birds at once made for each other's eyes.

   ex Follow after the things which make for peace.

123) make fun of : scoff, ridicule

   ex We must not make fun of the ideas others have about God.

124) make good : succeed, accomplish

   ex I am sure he will make good in his job.

   ex I will make good my resolution.

125) make haste : hasten

   ex Make haste as much as possible.

126) make one's way : proceed, succeed

   ex He made his way through the snowstorm.

   ex He made his way in the world with his pen.

127) make out : understand, succeed, prepare, pretend

   ex No one could make out what he was talking about.

   ex I'm sure John will make out well in that job.

   ex He made out his will last week.

   ex Helen tried to make out that she was ill.

128) make room for : accommodate

   ex Please make room for this little girl here.

129) make sure : ascertain

ex Make sure to turn off the radio before you go to bed.

130) make up : fabricate, invent(날조하다)

ex The whole story is made up.

131) make up one's mind : determine

ex He made up his mind to go abroad to continue his study.

132) map out : plan

ex I must map out his election campaign.

133) be obliged to : thank

ex I am obliged to you for your help.

134) own up : confess

ex I'm waiting for someone to own up to the breakages.

135) pass away : die

ex He passed away peacefully.

136) pass on : die, transmit, transfer

ex Let's pass on this one.

137) pass out : leave, faint

ex I am so hungry. I am about to pass out.

138) pass over : overlook

ex Such an error may be passed over.

139) pass through : experience, undergo

ex I have passed through lots of risks.

140) pay back : return, punish

ex I've paid him out for the trick he played on me.

141) pick out : choose, select

ex Which book did you pick out to send to Helen?

142) pick up : gain, recover, regain

ex pick up a foreign language.

ex You'll soon pick up health when you get to the seaside.

143) picture to oneself : imagine

ex We can hardly picture to oneself a time in which printing was unknown.

144) point out : indicate, explain

ex The teacher pointed out the mistakes in my composition.

145) be possessed to : own

ex He is possessed of considerable means.

146) prevail on : persuade

ex I tried to prevail on him to stay.

147) provide for : support

ex He has a large family to provide for.

148) put an end to : stop

ex It is up to the police to put an end to these robberies.

149) put by : save

ex He puts ten dollars by every week.

150) put off : postpone, delay

ex Never put off till tomorrow what you can do today.

151) put on : stage, wear

ex Put on your coat.

152) put out : dismiss, extinguish

ex The fire was put out.

153) put through : connect

  ex Put me through to the Manager.

154) put together : assemble

  ex After he took the watch apart, he was not able to put it together again.

155) put up : construct, erect, raise, increase, display,

  ex They are putting up several new buildings in that block.

  ex We put up the flags on national holidays.

156) put up at : accommodate

  ex We put up at the inn for the night.

157) put up with : endure, bear, stand, tolerate, stand

  ex I refuse to put up with his insolent actions any longer.

158) rely on : trust

  ex I rely on you to come.

159) rule out : eliminate, exclude

  ex The regulations rule out anyone under age.

160) run over : review

  ex I shall run it over very briefly.

161) search into : examine

  ex The police are now searching into the matter thoroughly.

162) see into : examine

  ex He went to Daegu to see into the railway accident.

163) send forth : produce

  ex The sun sends forth light and heat.

164) set about : start

   ex She set about getting dinner ready.

165) set out : begin, leave

   ex He has set out in business.

166) set up : establish, arrange

   ex He managed to set up a factory.

167) show in : direct, guide

   ex If Mr. Kim calls, show him in, please.

168) show up : appear

   ex Not one student showed up for the meeting.

169) speak ill of : abuse

   ex Abstain from speaking ill of others.

170) speak well of : praise

   ex She always speaks well of him.

171) stand for : represent, support, tolerate

   ex The blue bird stands for happiness.

   ex We cannot help standing for democracy.

   ex She refused to stand for his impoliteness any longer,

172) stand up for : defend, support

   ex If you don't stand up for your right, no one else will do it for you.

173) stick up for : defend, support

   ex stick up for one's friends.

174) stir up : arouse, incite

   ex Such songs are most apt to stir up devotion.

175) sum up : summarize

   ex It may be summed up as follows.

ex They summed up the voting.

176) take after : resemble

ex He takes after his mother.

177) take by surprise : surprise

ex His offer took me completely by surprise.

178) take in : accommodate, cheat

ex They make a living by taking in lodgers.

ex They took in the foreigner.

179) take on : assume, engage

ex The chameleon can take on the colors of its background.

ex The manager agreed to take me on.

180) take out : remove

ex How many teeth did the dentist take out?

181) take place : happen

ex Yesterday a severe earthquake took place.

182) take the place of : replace

ex Television has taken the place of radio.

183) take turns : alternate

ex They took turns in playing the piano.

184) take up : study

ex What are you taking up at the university?

185) tell off : berate, scold

ex She told the typist off for making so many careless mistakes.

186) throw up : vomit

ex I feel like I'm going to throw up.

187) tide over : overcome

ex He sold his car to tide over his period of unemployment.

188) touch on : mention

ex I'll touch on the details.

189) turn down : refuse, reject

ex He turned down my offer.

190) turn out : prove

ex Things did not turn out exactly as he desired.

191) turn up : appear, arrive

ex My boss hasn't turned up this morning.

192) use up : exhaust, consume

ex How much coal did we use up last winter?

193) wait for : await

ex Please wait for him to come back.

194) wait on : serve

ex She waited on me in the restaurant.

195) work on : influence

ex Poetry works on the mind of the reader.

196) work out : solve, compute, understand, exercise

ex Don't worry, Everything will work out all right.

ex You must work out the problem for yourself.

실천 과제

구동사의 한 단어 동의어를 매일 5개씩을 예문과 함께 암기해 보자. 앞의 다른 내용과 중복으로 부담이 되겠지만, 한 달 또 한 달 시간이 지나면서, 마침내 내 영어가 확립되는 느낌을 받을 것이다. 10년이 걸려도 어려운 영어가 6개월 만에 틀이 완성되는 놀라운 경험을 할 것이다.

11
영어 공부 학습 가이드를 생활화하자

　이 단원은 원래 계획에 없었으나, 필자 모교인 의정부고등학교의 '선배 특강'에서 이 책 내용을 강의한 후, 받은 설문에서 요청한 사항으로 추가하게 되었다. 애초 본서는 강의를 목적으로 준비한 책으로 강의 일정을 토대로 작성해 보았다.

　필자는 영어학습 단계를 다음의 3단계로 나누어 보았다.

　영어학습 1단계는 영어 기본 발음과 평생 가지고 갈 영어 문장 구조를 확립하는 기본 단계이다.

　영어학습 2단계는 영어에서 가장 중요한 구성요소인 동사를 탄탄하게 정립하고 듣기/말하기를 완성하는 심화 단계이다.

　영어학습 3단계는 원어민 레벨의 수준 높은 말하기와 쓰기를 구현하는 고급 단계이다.

　영어학습 1단계에서는 훈민정음에 기반한 알파벳 발음 확립과 단어의 발음 및 악센트 중심의 영어단어 학습, 단어 8품사 및 문장 구성요소, 동사패턴 25형 구성 및 관련 문법 이해/ 예문 암기, 동사패턴 25형 주요 동사 유형별 예문 학습 등이 주요 내용이다.

　영어학습 2단계에서는 영어학습 1단계 내용을 스캔하고, 전치사 용법

이해 및 숙지, 동사패턴 25형 기반 듣기/말하기를 위한 연음법칙과 발음 법칙 이해, 가장 많이 쓰는 동사 20개 학습, 구동사 이해/학습 등이다.

영어학습 3단계는 원어민이 지도하는 알파벳 발음 실습/점검, 동사패턴 25형을 활용한 듣기/말하기 실습, 문장의 억양과 리듬의 개선을 위한 책 읽기 실습, 글쓰기 이해 및 실습 등이다.

영어학습 1~2단계는 이 책에서 가능한 내용이지만, 영어학습 3단계는 원어민과 함께하는 내용으로 이 책의 범위를 넘어서는 관계로 본 학습에서는 언급하지 않는다.

영어학습 단계별 내용을 세부적으로 알아보자.

영어학습 1단계는 1개월 과정으로 강의 1주 차에는 강의 전체 내용소개, 알파벳에 대한 훈민정음 발음 원리 및 실습, 영어단어 품사의 구성 및 이해, 문장의 종류, 5형식 문장 소개 및 문장 구성요소 이해 등이다.

강의 2주 차에는 동사패턴 25형 문장의 1형식인 BE 동사, 자동사(2~4형) 및 조동사(5형), 현재분사 및 동명사, 부정사 이해, 동사 12시제 이해 및 학습 등이다.

강의 3주 차에는 동사패턴 25형의 6~20형 문장 구조 및 관련 문법 이해 등이다.

강의 4주 차에는 동사패턴 25형의 21~25형 문장 구조 및 관련 문법 이해, 1~25형 복습 등으로 구성된다.

영어학습 1단계 과정을 끝마치면, 알파벳 기본 발음과 문장의 단어를 이해할 수 있다. 또한 단어의 정확한 발음과 악센트를 중점으로 암기할 수 있다. (영어 탈피 추천)

과거에는 발음보다는 철자에 중점을 두고 암기했었다. 또한 동사패턴 25형 문장 구성에 관하여 영어 문법을 알게 되어 영어 문장에 대한 이해가 가능하고, 평생 가지고 갈 영어의 문장 패턴(25형 52개 패턴)을 확립하여 영어의 기본이 확립되는 것이다.

영어학습 2단계 역시 1개월 과정으로 강의 1주 차에는 훈민정음식 발음, 단어 품사 및 동사 12시제, 동사패턴 25형 문장 구조 이해 등 영어학습 1단계의 복습 과정이라 보면 된다. 어학학습에서는 반복이 중요한 만큼 매우 중요한 과정이다.

강의 2주 차에는 전치사의 이해 및 쓰임별 학습, 가장 많이 쓰이는 동사 20개 중 5개 학습 및 책의 부록에 수록된 25형 동사 유형별 동사 구문을 학습한다.

강의 3주 차에는 동사패턴 25형식의 예문을 활용한 듣기/말하기 이해 및 문장에서 발생하는 연음법칙과 영어 말하기에서 발생하는 주요한 발음법칙 이해 및 실습, 가장 많이 쓰이는 동사 20개 중 10개를 학습한다.

강의 4주 차에는 구동사 소개 및 동사패턴 25형 복습 및 문장에서 발생하는 연음/발음법칙 실습, 가장 많이 쓰이는 동사 20개 중 5개를 학습한다.

영어학습 2단계 강의를 마치면, 중급 이상의 영어 수준이 완성되어 대학에서 강의 수강이 가능한 수준이 된다. 여기에는 여러분의 추가적인 개인적인 학습과 반복의 과정이 꼭 필요함을 잊어서는 안 된다.

이후 학습은 영어 3단계 또는 영어원서 읽기, 글쓰기 학습 등이 될 것이다. 어휘를 늘리는 데는 독서만큼 좋은 것이 없다.

독자 여러분은 강의와 함께 영어 공부를 하는 방법과 아니면 독자적으로 영어 학습을 하는 방법이 있다. 강의를 수강하면서 영어 공부를 하면 진도에 맞추어 강의 내용을 학습하면 되는 것이고, 학교 공부에서는 교과서의 추가 단어와 내용 읽기 등을 통한 학습이면 충분할 것 같다.

독자적 학습을 하는 경우, 동사패턴 25형에 포함된 문법 등이 필요한데 이 내용을 시중에 나온 문법책을 참조하면 가능하리라 생각된다.

여기서 추가로 간단한 영어학습 가이드를 만들어 보았다.

1) 목표 설정

· 단기목표 : 훈민정음 기반 발음 완성과 문장 패턴 습득

· 장기 목표 : 유창한 대화 및 전문 영어 능력 완성 등

2) 영어 기본기 다지기

① 문법 : 기초 문법 규칙 이행 및 연습

· 문장 기본 구조 이해 및 문장 구성요소 학습

· 동사 시제 및 동사의 활용법 이해 및 학습

· 전치사 및 구동사 이해 및 쓰임별 실습

② 어휘 : 매일 새로운 단어를 익히고 복습

· 영어탈피 초급편 단어 일별 학습

· 학교 교과서 단어 추가 정리 및 암기

· 필요시 주제별 단어장 작성(예: 음식, 여행, 취미 등)

3) 듣기/말하기 연습

· 1단계 : 훈민정음식 알파벳 발음 듣고/따라하기 매일 반복

· 2단계 : 단어 학습시 단어별 발음과 악센트 듣고/따라하기

· 3단계 : 동사패턴 25형 문장 예문 듣고/따라하기

· 4단계 : 영화 및 TV 프로그램 자막 켜고 시청 및 따라하기

4) 말하기 연습

· 언어교환 파트너를 만들어 원어민, 다른 학습자와 대화하기

5) 읽기 연습

· 동사패턴 25형 문장 예문 읽기, 교과서 낭독, 영어 신문 기사 일기,

영문 소설책 낭독하기

6) 쓰기 연습

· 동사패턴 25형 문장 읽고/쓰기 매일 반복

· 영어로 상세한 내용 일기 쓰기

· 온라인 포럼에서 영어로 의견을 남기고 타인과 소통하기

7) 복습 및 피드백

· 정기적 복습 : 배운 내용을 주기적으로 복습하여 기억 강화

· 피드백 받기: 언어교환 파트너, 튜터에게 피드백 받고 개선

8) 학습 자료 확인

· 애플리케이션 : Duolingo 등 각종 영어 학습앱 활용(필요시)

· 온라인 강의 : 유튜브나 인강에서 무료 강의 수강(필요시)

9) 실생활에 적용

· 여행 및 문화 체험 : 영어 사용 환경에 적극적으로 참여

· 영어로 소통하는 활동 : 영어스피치 대회, 영어 카페 등에 참여하여
실력을 향상하는 노력 경주

10) 지속적인 동기 부여

· 목표 달성 축하 : 작은 목표를 달성할 때마다 자신을 격려

· 영어학습 커뮤니티 : 다른 학습자들과 소통하여 동기 부여를 받음

결론적으로 볼 때, 훈민정음식 발음법과 동사패턴 25형을 습득(기본 문법 포함), 전치사, 주요 동사 20개를 학습하는 데 3개월, 동사패턴 25형 문장의 연음법칙과 발음법칙 습득, 구동사 등을 습득하고 말하기/듣기를 반복적으로 학습하고 리듬과 억양을 넣어서 교과서 읽기 연습 등을 하는 데 3개월 등 6개월이 소요된다. 평생 사용할 영어 문장 구조와 읽기/쓰기를 완성하는 영어강의를 만들고자 본서를 저술하였다. 10년 영어학습에 기

반이 되고, 평생 언어 영어를 나의 진정한 언어로 만드는 작업으로 본서를 적극 추천하는 바이다.

영어학습 가이드를 생활화하자. 지금껏 달려온 노력의 결정체인 실천 과제이다. 본서를 완성하면서 지속적인 반복과 노력으로 원어민의 단계인 3단계 영어로 나아갈 준비를 해보자.

부록

I) 동사패턴 25형 한글 및 영어 예제

동사패턴 25형 (한글)

[VP1] be 동사형으로 주격보어는 명사/대명사/형용사/형용사구가 될 수 있고 부사적 수식어구 또는 부사구도 될 수 있다.

> Subject + BE + Subject complement/adjunct (주격보어/수식어구)

1. 이것은 책이다.
2. 이 여행 가방은 내 것이다.
3. 아이들은 잠들어 있다.
4. 이 책은 너에게 주는 것이다.
5. 여기가 내가 일하는 곳이다.

> There/It + BE Subject(주어)

1. 많은 군중이 있었다.
2. 더 가는 것은 불가능했다.
3. 날씨가 아주 나빠서 유감이었다.

[VP2A] 완전자동사로 보어 없이 쓰이는 동사형이다. 수식 어구는 있을 수 있지만, 꼭 있어야 하는 것은 아니다.

> Subject + vi(자동사)

1. 우리는 모두 숨 쉬고 마시고 먹는다.
2. 달이 떴다.
3. 정치적 불안의 시기가 뒤따랐다.

예비의 there/it과 함께 쓰는 변형이 있다.

1. 오랜 정치적 불안의 시기가 뒤따랐다.
2. 우리가 지금 출발하든 늦게 출발하든 상관없다.

That-절이 seem, appear, happen, chance, follow 다음에 있을 수 있다.

1. 그날은 결코 끝나지 않을 것만 같았다.
2. 그녀가 방문했을 때 우리는 마침 외출 중이었다.
3. 그들은 반드시 부부라고 할 수 없다.

[VP2B] 거리/기간/무게/비용 등의 부사적 수식어구와 함께 쓰인다. for는 거리와 기간의 부사구 앞에 나올 수 있음. 간접목적어가 cost, taste, take(필요로 하다 뜻) 뒤에 나올 수 있음.

> S + vi + (for) adverbial adjunct(부사적 수식어구)

1. 우리는 5마일을 걸었다.

2. 그 회의는 두 시간 동안 계속되었다.

3. 그 책을 사는 데 2달러가 들었다.

4. 이 상자는 무게가 5킬로 나간다.

[VP2C] 많은 자동사가 부사적 수식어구와 함께 쓰인다.

> **S + vi + adverbial adjunct(부사적 수식어구)**

1. 저리 가!

2. 어서 들어오시오.

3. 곧 너를 뒤따라가겠다.

4. 자정이 가까워지고 있다.

5. 비가 올 것 같다.

[VP2D] 많이 쓰이는 동사로는 become, come, get 등 기동동사 (inchoative verb)와 small, taste, feel 등 감각 동사가 있다.

> **S + vi + adjective/noun/pronoun(형용사/명사/대명사)**

1. 그녀의 꿈은 실현되었다.

2. 불이 약해졌다.

3. 그녀는 젊어서 결혼했다.

4. 그는 백만장자로 죽었다.

5. 후에 그는 곡예사가 되었다.

6. 안색이 좋지 않구나.

[VP2E] 이 형에서 서술적 수식어구는 현재분사이다.

S + vi + Present Participle(현재분사)

1. 그녀는 누워서 나에게 미소 짓고 있다.

2. 춤추러 가는 것을 좋아하십니까?

3. 그 아이들은 우리를 만나려고 뛰어왔다.

[VP3A] 이 형의 동사들은 전치사와 그 목적어(명사, 대명사, 동명사, 구, 절)가 따른다. 동사와 전치사는 한 단위로서 작용한다.

S + vi + Preposition + noun/pronoun(전치사+명사/대명사)

1. 그 사람/그의 사려 분별을 믿어도 좋다.

2. 너의 도움을 기대해도 좋은가?

3. 그들에게 무슨 일이 일어났는가?

부정사가 명사/대명사 뒤에 올 수 있다.

4. 우리는 새 차가 배달되기를 기다리고 있다.

5. 네가 분별 있게 처신해 주기를 기대한다.

6. 그녀는 자비를 베풀어달라고 재판관에게 간청했다.

[VP3B] 전치사는 that-절 앞에서 생략되어 [VP9]와 같은 (타동사들을 위한) 어순이 된다.

그는 자기의 무죄를 주장했다. [VP3A]

그는 자기가 무죄라고 주장했다. [VP3B]

그는 자기가 무죄라고 진술했다. [VP9]

> ## S + vi + (Preposition(+it)) clause(전치사(+ it) 절)

1. 그것이 잘못이었다는 데에 동의한다.

2. 너는 이런 일이 다시는 일어나지 않도록 해야 한다.

3. 나는 너의 제안을 받아들일까 말까 망설였다.

4. 너는 휴가에 어디로 갈지 결정했느냐?

5. 어떻게 해서 돈이 없어졌는가를 고민하지 말아라.

[VP4A] 이 형에서 동사 뒤에 목적 또는 결과의 to-부정사가 온다.

> ## S + vi + to-infinitive(to-부정사)

1. 우리는 쉬려고 멈추었다.

2. 어떻게 그녀를 알게 되었는가?

3. 그가 90살까지 살까요?

4. 누군가가 너를 만나러 왔다.

[VP4B] 부정사는 등위절(co-ordinate clause)에 상당할 수 있다.

> ### S + vi + to-infinitive(to-부정사)

1. 그는 잠이 깨어 집에 불이 난 것을 알았다.

2. 행복했던 옛 시절은 가고 다시는 돌아오지 않네!

3. 전자 음악은 분명히 정착했다.

4. 그가 돌아보니 문이 천천히 열리고 있었다.

[VP4C] 부정사 수식어구는 [VP3A]로 전치사와 함께 쓰이는 몇몇 동사들 뒤에서 쓰인다.

> ### S + vi + to-infinitive(to-부정사)

1. 그녀는 누구에게 말하기를 주저했다.

2. 그녀는 가족을 다시 만나기를 갈망하고 있었다.

3. 그는 곧 오겠다고 동의했다.

[VP4D] 동사 seem과 appear가 이 형에 쓰인다. 만약 부정사가 보어로서의 형용사나 명사를 수반하는 be면 to be는 생략 가능하다.

S + SEEM/APPEAR + (to be) adjective/noun(형용사/명사)

---

1. 그는 그 소식을 듣고 놀란 것 같았다.
2. 이것은 중대한 문제인 것 같다.
3. 나는 즐길 수 없을 것 같다.

주어가 부정사, 동명사 또는 절일 때, 예비의 it을 쓸 수 있다.

IT + SEEM/APPEAR + adjective/noun + Subject(주어)

---

1. 다시 해보는 것이 합당할 것 같았다.
2. 저 식량을 모두 낭비하다니 애석한 느낌이 든다.
3. 계속한다는 것은 별로 소용이 없을 것 같다.
4. 우리는 제시간에 도착할 것 같지 않다.

[VP4E] SEEM/APPEAR 다음에 형용사가 서술적으로 쓰이면 to be는 반드시 있어야 한다. happen과 chance가 이 형에 쓰인다.

S + SEEM/APPEAR/HAPPEN/CHANCE to-infinitive

---

1. 그 아기는 잠자는 것 같다.
2. 내 질문에 분개한 것 같다.
3. 내가 방문했을 때 그녀는 마침 외출 중이었다.

238

4. 우리는 우연히 공원에서 만났다.

5. 어떤 잘못이 있었던 것 같다.

[VP4F] be의 정형은 여러 가지 용법으로 쓰인다.

> ### S + BE to-infinitive(to-부정사)

1. 우리는 5월에 결혼하기로 되어있다.

2. 몇 시에 와야 하는가?

3. 어떻게 빚을 갚아야 하나?

[VP5] 조동사와 변칙 정동사(anomalous finite) 다음에는 원형 부정사
가 온다.

> ### S + anomalous finite infinitive(부정사)

1. 이제 떠나도 좋다.

2. 기다릴 필요가 없다.

3. 그것은 저 상자 속에 있을 것이다.

4. 감히 아무에게도 말하지 못했다.

5. 곧 출발하는 게 좋겠다.

[VP6A] 명사나 대명사를 목적어로 취한다. 수동태 전환도 가능하다.

> ### S + vt + noun/pronoun(명사/대명사)

1. 그 영화를 재미있게 보았느냐?
2. 우리는 모두 잘 놀았다.
3. 모두가 그녀를 좋아한다.

[VP6B] 이 형의 동사들은 명사나 대명사를 직접목적어로 취하지만 수동태 전환은 불가능하다. possess/take/eat/drink를 뜻하는 have가 이 형에 속한다. 재귀동사와 동족목적어(cognate object)를 수반하는 동사가 이 형을 따른다.

> ### S + vt + noun/pronoun(명사/대명사)

1. 아침을 벌써 먹었는가?
2. 그녀의 눈은 초록색이다.
3. 다쳤느냐?
4. 그녀는 미소를 지어 감사의 뜻을 표했다.
5. 그는 매우 이상한 꿈을 꾸었다.

[VP6C] 이 형에서 목적어는 동명사고 to-부정사로 바꿀 수 없다.

S + vt + gerund(동명사)

1. 그녀는 정구를 즐긴다.
2. 이야기를 다 마쳤느냐?
3. 나는 그렇게 무례한 말을 들어서 화가 난다.

[VP6D] 이 형에서 목적어는 동명사고 to-부정사로 바꿀 수 있다.

S + vt + gerund(동명사)

1. 그녀는 영화 보러 가기를 좋아한다.
2. 나는 건강이 좋을 때는 일을 계속하겠다.
3. 그는 자기의 영리한 아이들 이야기를 시작했다.

[VP6E] need, want와 won't/wouldn't bear 다음에서 동명사는 수동태 부정사에 해당한다.

S + NEED/WANT/BEAR + gerund(동명사)

1. 그는 보살펴줄 사람이 필요하다.
2. 내 구두는 수선해야겠다.
3. 그의 말은 다시 입에 담기 못할만한 것이었다.

[VP7A] 이 형에서 동사의 목적어는 to-부정사이다.

> ### S + vt + to-infinitive(to-부정사)

1. 그들은 가고 싶어 하는가?
2. 그는 나를 못 본 체했다.
3. 우리는 에베레스트산 등반을 희망/기대/작정하고 있다.
4. 너의 편지를 부친다는 것을 잊었다/생각해 냈다.

[VP7B] 이 형에서 ought와 have의 정형은 의무를 나타낸다.

> ### S + HAVE/OUGHT + (not) to-infinitive(to-부정사)

1. 너는 자주 시간 외 근무를 해야 하느냐?
2. 아직 떠나지 않아도 되겠지.
3. 그곳에서 돈을 낭비해서는 안 된다.

[VP8] 이 형에서 동사의 목적어는 의문대명사 또는 (why, whether를 제외한) 의문부사이고, to-부정사가 따른다.

> ### S + vt + interrogative pronoun/adverb + to-infinitive

1. 그것을 하는 방법을 아느냐?

2. 다음에 무엇을 해야 할지 결정할 수 없었다.

3. 어디에 가면 그를 찾아낼 수 있는지 알아냈다.

4. 충고를 해야 할 때와 잠자코 있어야 할 때를 알아야 한다.

[VP9] 동사의 목적어는 that-절이다. that은 더 격식 차린 동사(decide, intend 따위)의 뒤 이외는 흔히 생략된다.

> ### IT + vt + that-clause(that-절)

1. 네가 곧 떠나리라 생각하고 있다.

2. 네가 방해하지 않기를 바란다.

3. 비가 오리라고 생각하느냐?

4. 그 노동자들은 파업을 하기로 결정했다.

5. 우리는 존을 초대할 작정이었다.

[VP10] 이 형에서 동사의 목적어는 종속절이나 종속의문문이다. 그 절은 관계부사나 관계대명사, what 또는 whether/if에 의해서 이끌어진다.

> ### S + vt + dependent clause/question(종속절/종속의문문)

1. 그것이 어떻게 일어났는지 아는 사람이 있는가?

2. 와서 내가 해 놓은 것을 보아라.

3. 그가 올지는 모르겠다.

4. 그녀는 내가 지각한 이유를 물었다.

[VP11] 명사 또는 대명사와 that-절이 따른다.

S + vt + noun/pronoun + that-clause(that-절)

1. 그는 길이 얼음판이라고 우리에게 경고했다.
2. 내가 무죄라는 것을 경찰관에게 이해시켰다.
3. 우리는 그 계획이 성공하리라 확신했다.

[VP12A] 간접목적어와 직접목적어를 가지면 간접목적어는 to와 함께 사용하는 13A형으로 전환된다.

S + vt + ID(간목) + DO(직목)

1. 그에게 너의 차를 빌려주지 않을래?
2. 그는 나에게 빚진 것이 없다.
3. 그는 그녀에게 무엇이든지 거절하지/아까워하지 않았다.

[VP12B] 이 형에서 간접목적어는 for와 함께 사용하는 13B형으로 전환된다.

S + vt + ID(간목) + DO(직목)

1. 그녀는 자기의 새 옷을 지었다.
2. 한 가지 부탁을 들어주시겠습니까?
3. 그녀는 남편에게 소시지를 얼마간 요리해 주었다.

[VP12C] 이 형은 13형으로 전환할 수 없으며 간접목적어와 직접목적어의 분류는 쓰이지 않는다.

> IT + vt + noun/pronoun + noun/pronoun

1. 그에게 이름을 물어보아라.
2. 너의 훌륭한 정원이 부럽다.
3. 그는 문을 한번 세게 쳤다.

[VP13A] 12A형으로 전환 가능.

> S + vt + DO to noun/pronoun

1. 그녀는 그 소식을 온 마을 사람에게 전했다.
2. 그는 자기의 중고차를 한 이웃에게 팔았다.
3. 나는 가족 모두에게 선물을 보냈다.

[VP13B] 12B형으로 전환 가능.

> S + vt + DO for noun/pronoun

1. 그녀는 딸에게 새 옷을 지어 주었다.
2. 나의 친구를 위해 부탁 하나 들어주시겠소?
3. 이 수표를 현금으로 바꾸어줄 수 있겠나?

[VP14] 동사 뒤에 직접목적어와 전치사 그리고 전치사의 목적어가 온다.

> **S + vt + DO + prep noun(전치사 명사)**

1. 우리는 그의 성공을 축하했다.
2. 사본을 원본과 비교하여라.
3. 그는 심장을 펌프에 비유했다.
4. 나는 그에게 나의 어려움을 설명했다.

직접목적어가 길면 전치사구가 그 앞에 올 수 있다. 부정사구나 절이 있을 때는 예비의 it을 사용할 수 있다.

> **S + vt + prep noun + DO**

1. 나는 그의 요청을 들어줄 수 없다는 것을 그에게 설명했다.
2. 네가 사표를 내야 할 것인지를 결정하는 일은 너 자신의 판단에 맡겨야겠다.

[VP15A] 직접목적어 뒤에 장소, 기간, 거리 등의 부사구가 필수적으로 따른다.

> **S + vt + DO + adverbial phrase(부사구)**

1. 그 아이에게 머리를 차창 밖으로 내밀지/주머니 속에 넣지 못하게 해라.

2. 그 비서는 나를 문/응접실로 안내했다.

3. 이 서류를 저 책상 위에 놓아라./저 서류철에 꽂아라./서류 가방에 넣어라.

[VP15B] 이 형에는 부사적 불변화사가 쓰인다. DO가 인칭대명사이면 부사적 불변화사가 뒤에 따르며 DO가 명사/명사구이면 부사적 불변화사가 앞/뒤에 올 수 있고 DO가 길면 흔히 부사적 불변화사 앞에 온다.

> ### S + vt + DO + adverbial particle(부사적 불변화사)

1. 그것들/너의 신을 벗어라.
2. 그것/저 낡은 모자를 버리지 말라.
3. 그것/그 시계의 태엽을 감았는가?

> ### S + vt + adverbial particle + DO

1. 너의 모든 귀중품에 자물쇠를 채워라.
2. 그녀는 자기의 모든 헌 옷을 주어버렸다.
3. 아래층 모든 방의 불을 끄는 것을 잊지 마라.

[VP16A] 이 형에는 부정사인 부사적 수식어구가 있다. In order to 또는 so as 새로 이끌 수 있다.

> ## S + vt + DO + to-Inf(to-부정사)

1. 그는 나를 만나러 그의 동생을 데리고 왔다.
2. 그는 고양이를 내보내려고 문을 열었다.
3. 그들은 궂은 일을 모두 내게 남겼다.

[VP16B] DO 뒤에 as나 like로 이끌리는 명사 또는 as if나 as though에 이끌리는 절이 온다.

> ## S + vt + DO as/like + noun, as if/though + Clause

1. 내가 유행가 가수가 되리라고는 상상조차 할 수 없다.
2. 그녀의 양친은 그녀를 아이처럼 버릇없게 길렀다.
3. 그는 군인처럼 행동한다.
4. 아내를 하인처럼 다루어서는 안 된다.

[VP17] 동사 뒤에 명사/대명사 그리고 to-부정사가 온다. 명사/대명사 + to-부정사는 동사의 목적어이다.

> ## S + vt + noun/pronoun + to-Inf(to-부정사)

1. 그는 아내가 화려하게 입는 것을 좋아한다.
2. 그들은 우리에게 지각하지 말라고 경고했다.

3. 너는 내가 머무르기를 바라느냐?

[VP18A] 동사는 육체적인 지각 작용을 나타낸다. [VP18]은 끝난 활동을 나타내고 [VP19]는 진행 중인 활동을 나타낸다.

> S + vt + noun/pronoun + Infinitive(부정사)

1. 누군가가 그 집에서 나가는 것을 보았는가?
2. 집이 흔들리는 것을 느꼈다.
3. 나는 그녀가 아이다 역을 부르는 것을 들은 적이 있다.

[VP18B] 사역동사(let, make)가 이 형에 쓰인다.

> S + vt + noun/pronoun + Infinitive(부정사)

1. 무엇 때문에 그렇게 생각하느냐?
2. 나를 가게 해다오.
3. 나는 그가 그렇게 못되게 행동하는 줄은 미처 몰랐다.

[VP18C] have가 wish, experience, cause의 뜻일 때 이 형이 쓰인다.

> S + have + noun/pronoun + Infinitive(부정사)

1. 내가 무엇을 하기를 바라느냐?

2. 손님들을 안으로 안내해 주세요.

3. 어제 나에게 무서운 일이 일어났다.

4. 우리는 자주 친구들이 일요일에 우리를 방문하게 한다.

[VP19A] 동사(지각동사) 뒤에 명사나 대명사, 현재분사가 온다.

> S + vt + noun/pronoun + present participle(현재분사)

1. 무엇인가 타는 냄새가 나는가?

2. 그녀는 심장이 몹시 뛰는 것을 느낄 수 있었다.

3. 누군가 문밖에 서 있는 것을 보았는가?

4. 내가 문 두드리는 소리를 듣지 못했느냐?

[VP19B] 동사(비지각동사) 뒤에 명사나 대명사, 현재분사가 온다.

> S + vt + noun/pronoun + present participle(현재분사)

1. 나는 존이 그의 책상에서 공부하는 것을 보았다.

2. 그들은 나를 밖에서 기다리게 했다.

3. 이것이 나를 생각에 잠기게 했다.

4. 시계를 가게 해주세요.

5. 그는 곧 그들을 모두 웃게 했다.

[VP19C] 동사 뒤에 명사나 대명사 뒤에 동사의 -ing형이 따른다. 동사의 -ing형은 앞에 명사가 오면 현재분사, 소유격이 오면 동명사.

> S + vt + noun/pronoun + -ing form of the verb(동사의 -ing형)

1. 나는 그가 그렇게 어리석게 행동하는 것을 이해할 수 없다.
2. 너는 내가 그렇게 어리석다는 것을 상상할 수 있느냐?
3. 이것이 네가 소송하는 것을 정당화하느냐?
4. 나는 양친/그들이 나에게 불친절하게 대한 일이 있었는지 기억 안 난다.
5. 나는 톰/그가 자기의 입장을 고수하는 데 감탄한다.

[VP20] 동사 뒤에 명사나 대명사, 의문사 + to-부정사가 따른다.

> S + vt + noun/pronoun + Interrogative + to-Infinitive

1. 나는 그것을 하는 방법을 그들에게 보여주었다.
2. 그에게 그것을 어디에 놓아야 하는지 일러주어라.
3. 너의 선생님에게 그 단어를 어떻게 발음하는지 여쭈어보아라.

[VP21] 동사 뒤에 의문절이 명사나 대명사를 따른다.

> S + vt + noun/pronoun + Interrogative clause(의문절)

1. 너의 이름이 무엇인지 말해다오.
2. 그것을 어디에 놓았는지 그에게 물어보아라.
3. 너의 주머니에 무엇이 있는지 보여다오.

[VP22] 직접목적어 뒤에 결과나 방법을 나타내는 형용사가 온다.

> ### S + vt + DO + adjective(형용사)

1. 우리는 천장을 녹색으로 칠했다.
2. 해는 우리를 따뜻하게 해준다.
3. 진창 때문에 걷기가 힘들었다.

[VP23] 직접목적어 뒤에 목적보어인 명사가 온다.

> ### S + vt + DO + noun(명사)

1. 그들은 뉴턴을 영국학술원장으로 추대했다.
2. 그들은 아기를 리처드하고 이름 지었다.
3. 그들은 그를 항상 딕이라고 부른다.

[VP24A] 직접목적어 뒤에 과거분사가 온다.

> ### S + vt + DO + past participle(과거분사)

1. 너는 너의 견해를 알려야 한다.
2. 이 오페라가 이탈리아말로 불리는 것을 들은 적이 있는가?
3. 우리는 그 일이 토요일까지 끝나기를 바란다.

[VP24B] have가 문자의 주어가 경험하거나 당하는 것, 소유한 것을 나타내기 위해서 쓰인다.

> S + HAVE + DO + past participle(과거분사)

1. 찰스 왕은 참수당했다.
2. 나는 최근에 충양돌기를 제거했다.
3. 그들은 노년을 위해 저축한 돈이 거의 없다.

[VP24C] have와 get이 cause to be(되게 하다)의 뜻으로 쓰인다.

> S + HAVE/GET + DO + past participle(과거분사)

1. 그 계획을 변경시킬 수 있을까?
2. 이 편지를 영어로 번역해 주세요.
3. 내가 그 문제를 처리하겠다.

[VP25] 직접목적어 뒤에 to be(흔히 생략)와 형용사/명사가 따른다. 회화체에서는 [VP9]가 바람직하다.

> S + vt + DO + (to be) + adjective/noun(형용사/명사)

1. 대다수의 사람들은 그가 무죄라고 간주했다.

2. 그들은 모두 그 계획이 현명치 못하다고 느꼈다.

3. 조나단은 언제나 좋은 친구였다.

4. 영국에서는 사람이 유죄로 증명될 때까지는 그를 무죄로 간주한다.

동사패턴 25형 (영어)

[VP1] Subject + BE + Subject complement/adjunct(주격보어/수식어구)

1. This is a book.

2. This suitcase is mine.

3. The children are asleep.

4. This book is for you.

5. This is where I work.

There/It + BE Subject(주어)

---

1. There was a large crowd.

2. It was impossible to go further.

3. It was a pity the weather was so bad.

[VP2A] Subject + vi(자동사)

1. We all breathe, drink and eat.

2. The moon rose.

3. A period of political unrest followed.

예비의 there/it과 함께 쓰는 변형이 있다.

1. There followed a long political unrest.

2. It doesn't matter whether we start now or later.

That-절이 seem, appear, happen, chance, follow 다음에 있을 수 있다.

1. It seemed (that) the day would never end.

2. It so chanced/happened (that) we were out when she called.

3. It doesn't follow (that) they are husband and wife.

[VP2B] S + vi + (for) + adverbial adjunct(부사적 수식어구)

1. We walked (for) five miles.

2. The meeting lasted (for) two hours.

3. The book cost (me) two dollars.

4. This box weighs five kilos.

[VP2C] S + vi + adverbial adjunct(부사적 수식어구)

1. Go away!

2. Please come in.

3. I'll soon catch up with you.

4. It's getting on for midnight.

5. It looks like rain/as if it were going to rain.

[VP2D] S + vi + adjective/noun/pronoun(형용사/명사/대명사)

1. Her dream has come true.

2. The fire has burnt low.

3. She married young.

4. He died a millionaire.

5. Later he became an acrobat.

6. You're not looking yourself.

[VP2E] S + vi + Present Participle(현재분사)

1. She lay smiling at me.

2. Do you like to go dancing?

3. The children came running to meet me.

[VP3A] S + vi + Preposition + noun/pronoun(전치사+명사/대명사)

1. You may rely on that man/his discretion/his being discreet.

2. Can I count on your help?

3. What has happened to them?

부정사가 명사/대명사 뒤에 올 수 있다.

1. We're waiting for our new car to be delivered.

2. I rely on you to be discreet.

3. She pleaded with the judge to have mercy.

[VP3B] S + vi + (Preposition(+it)) clause

He insisted on his innocence [VP3A]

He insisted that he was innocent. [VP3B]

He declared that he was innocent. [VP9]

S + vi + (Preposition(+it)) clause(전치사(+ it) 절)

1. I agree that it was a mistake.

2. You must see (to it) that this sort of thing never occurs again.

3. I hesitated (about) whether to accept your offer.

4. Have you decided (upon) where you will go for your holidays?

5. Don't worry (about) how the money was lost.

[VP4A] S + vi + to-infinitive(to-부정사)

1. We stopped to rest/to have a rest.

2. How did you come to know?

3. Will he live to be ninety?

4. Someone has called to see you.

[VP4B] S + vi + to-infinitive(to-부정사)

1. He awoke to find the house on fire.

2. The good old days have gone never to return.

3. Electronic music has clearly come to stay.

4. He looked round to see the door opening slowly.

[VP4C] S + vi + to-infinitive(to-부정사)

1. She hesitated to tell anyone.

2. She was longing to see her family again.

3. He agreed to come at once.

[VP4D] S + SEEM/APPEAR + (to be) adjective/noun(형용사/명사)

1. He seemed (to be) surprised at the news.

2. This seems (to be) a serious matter.

3. I seem (to be) unable to enjoy myself.

IT + SEEM/APPEAR + adjective/noun + Subject(주어)

1. It seemed reasonable to try again.

2. It seems a pity to waste all that food.

3. It doesn't seem much use going on.

4. It appears unlikely that we'll arrive on time.

[VP4E] S + SEEM/APPEAR/HAPPEN/CHANCE to-infinitive

1. The baby seems to be asleep/to be sleeping.

2. My enquiries seem to have been resented.

3. She happened to be out when I called.

4. We chanced to meet in the park.

5. There seems to have been some mistake.

[VP4F] S + BE to-infinitive(to-부정사)

1. We are to be married in May.

2. At what time am I to come?

3. How am I to pay my debts?

[VP5] S + anomalous finite infinitive(부정사)

1. You may leave.

2. You needn't wait.

3. You'll find it in the box.

4. I didn't dare tell anyone.

5. You had better start at once.

[VP6A] S + vt + noun/pronoun(명사/대명사)

1. Did you enjoy the film?

2. We all had a good time.

3. Everyone likes her.

[VP6B] S + vt + noun/pronoun(명사/대명사)

1. Have you had breakfast yet?

2. She has green eyes.

3. Have you hurt yourself?

4. She smiled her thanks.

5. He dreamed a very odd dream.

[VP6C] S + vt + gerund(동명사)

1. She enjoys playing tennis.

2. Have you finished talking?

3. I resent being spoken to so rudely.

[VP6D] S + vt + gerund(동명사)

1. She likes going to the cinema.

2. I will continue working while my health is good.

3. He began talking about his clever children.

[VP6E] S + NEED/WANT/BEAR + gerund(동명사)

1. He'll need looking after(= to be looked after).

2. My shoes want mending(=to be mended).

3. His language wouldn't bear repeating(= was too bad to be repeated).

[VP7A] S + vt + to-infinitive(to-부정사)

1. Do they want to go?

2. He pretended not to see me.

3. We hope/expect/intend to climb Mount Everest.

4. I forget/remembered to post your letters.

[VP7B] S + HAVE/OUGHT + (not) to-infinitive(to-부정사)

1. Do you often have to work overtime?

2. You don't have to leave yet, do you?

3. You ought not to waste your money there.

[VP8] S + vt + interrogative pronoun/adverb + to-infinitive

1. Do you know how to do it?

2. I couldn't decide what to do next.

3. I've discover where to find him.

4. You must learn when to give advice and when to be silent.

[VP9] S + vt + that-clause(that-절)

1. I suppose you'll be leaving soon.

2. I wish you wouldn't interrupt.

3. Do you think it'll rain?

4. The workers decided that they would go on strike.

5. We intended that John would be invited.

[VP10] S + vt + dependent clause/question(종속절/종속의문문)

1. Does anyone know how it happened?

2. Come and see what I have done!

3. I wonder whether he'll come.

4. She asked why I was late.

[VP11] 명사 또는 대명사와 that-절이 따른다.

> S + vt + noun/pronoun + that-clause(that-절)

1. He warned us that the roads were icy.
2. I convinced the policeman that I was innocent.
3. We satisfied ourselves that the plan would work.

[VP12A] 간접목적어는 to와 함께 사용하는 13A형으로 전환된다.

> S + vt + ID(간목) + DO(직목)

1. Won't you lend him your car?
2. He doesn't owe me anything.
3. He denied/grudged her nothing.

[VP12B] 간접목적어는 for와 함께 사용하는 13B형으로 전환된다.

> S + vt + ID(간목) + DO(직목)

1. She made herself a new dress.
2. Will you do me a favor?
3. She cooked her husband some sausages.

[VP12C] 이 형은 13형으로 전환할 수 없으며 간접목적어와 직접목적어의 분류는 쓰이지 않는다.

> S + vt + noun/pronoun + noun/pronoun

1. Ask him his name.

2. I envy you your fine garden.

3. He struck the door a heavy blow.

[VP13A] 12A형으로 전환 가능

> S + vt + DO + to noun/pronoun

1. She told the news to everyone in the village.

2. He sold his old car to one of his neighbors.

3. I've sent presents to everyone in my family.

[VP13B] 12B형으로 전환 가능

> S + vt + DO + for + noun/pronoun

1. She made a new dress for her daughter.

2. Will you do a favor for a friend of mine?

3. Can you cash this cheque for me?

[VP14] 동사 뒤에 직접목적어와 전치사 그리고 전치사의 목적어가 온다.

> ### S + vt + DO + prep noun(전치사 명사)

1. We congratulated him on his success.
2. Compare the copy with the original.
3. He compared the heart to a pump.
4. I explained my difficulty to him.

직접목적어가 길면 전치사구가 그 앞에 올 수 있다. 부정사구나 절이 있을 때는 예비의 it을 사용할 수 있다.

> ### S + vt + prep noun + DO

1. I explained to him the impossibility of granting his request.
2. I must leave to your own judgement to decide whether you should offer your resignation.

[VP15A] S + vt + DO + adverbial phrase(부사구)

1. Don't let the child put his head out of the car window/into the plastic bag.
2. The secretary showed me to the door/into the reception room.
3. Put these papers on that desk/in that file/in my briefcase.

[VP15B] S + vt + DO + adverbial particle(부사적 불변화사)

1. Take them/your shoes off.

2. Don't throw it/that old hat away.

3. Did you wind it/the clock up?

S + vt + adverbial particle + DO

---

1. Lock up all your valuables.

2. She gave away all her old clothes.

3. Don't forget to switch off the lights in all the rooms downstairs.

[VP16A] S + vt + DO + to-Inf(to-부정사)

1. He brought his brother to see me.

2. He opened the door to let the cat out.

3. They left me to do all the dirty work.

[VP16B] S + vt + DO + as/like + noun, as if/though + Clause

1. I can't see myself as a pop singer.

2. Her parents spoilt her as a child.

3. He carried himself like a soldier.

4. You mustn't treat your wife as if she were a servant.

[VP17] S + vt + noun/pronoun + to-Inf(to-부정사)

1. He likes his wife to dress colorfully.

2. They warned us not to be late.

3. Do you want/wish me to stay?

[VP18A] S + vt + noun/pronoun + Infinitive(부정사)

1. Did you see/notice anyone leave the house?

2. We felt the house shake.

3. I once heard her sing the part of Aida.

[VP18B] S + vt + noun/pronoun + Infinitive(부정사)

1. What makes you think so?

2. Let me go.

3. I've never known him behave so badly before.

[VP18C] S + have + noun/pronoun + Infinitive(부정사)

1. What would you have me do?

2. Have the visitors shown in, please.

3. I had a frightening thing happen to me yesterday.

4. We often have our friends visit us on Saturdays.

[VP19A] S + vt + noun/pronoun + present participle(현재분사)

1. Can you smell something burning?

2. She could feel her heart beating wildly.

3. Did you notice anyone standing at the gate?

4. Didn't you hear me knocking?

[VP19B] S + vt + noun/pronoun + present participle(현재분사)

1. I found John working at his desk.

2. They left me waiting outside.

3. This set me thinking.

4. Please start this clock going.

5. He soon had them all laughing.

[VP19C] S + vt + noun/pronoun + -ing form of the verb(-ing형)

1. I can't understand him/his behaving so foolishly.

2. Can you imagine me/my being so stupid?

3. Does this justify you/your taking legal action?

4. I can't remember my parents/their ever being unkind to me.

5. I admire Tom/him/his standing his ground.

[VP20] S + vt + noun/pronoun + Interrogative to-Infinitive

1. I showed them how to do it.

2. Tell him where to put it.

3. Ask your teacher how to pronounce the word.

[VP21] S + vt + noun/pronoun + Interrogative clause(의문절)

1. Tell me what your name is.

2. Ask him where he put it.

3. Show me what you have in your pocket.

[VP22] S + vt + DO + adjective(형용사)

1. We painted the ceiling green.

2. The sun keeps us warm.

3. The mud made walking difficult.

[VP23] S + vt + DO + noun(명사)

1. They made Newton President of the Royal Society.

2. They named the baby Richard.

3. They always call him Dick.

[VP24A] S + vt + DO + past participle(과거분사)

1. You must make your views known.

2. Have you ever heard this opera sung in Italian?

3. We want the work finished by Saturday.

[VP24B] S + HAVE + DO + past participle(과거분사)

1. King Charles had his head cut off.

2. I've recently had my appendix removed.

3. They have scarcely any money saved for their old age.

[VP24C] S + HAVE/GET + DO + past participle(과거분사)

1. Can we have/get the program changed?

2. Please have/get these letters translated into English.

3. I'll have/get the matter seen to.

[VP25] S + vt + DO + (to be) adjective/noun(형용사/명사)

1. Most people considered him (to be) innocent.

2. They all felt the plan to be unwise.

3. I've always found Jonathan friendly/a good friend.

4. In Britain, we presume a man (to be) innocent until he is proved guilty.

동사패턴 25형 패턴별 주요 동사

[3B형] S + vi + (전치사(+it)) clause(절)

• agree 동의(승낙)하다, 의견이 일치하다.

  ex We ~d that we should start early.

• care 관심을 가지다, 염려(걱정)하다.

  ex He doesn't ~ much what they say

• complain 불평하다, 불만을 말하다.

  ex She ~ed to me that he had been rude to her.

• confess 고백(자백)하다.

  ex He ~ed that he had stolen the money.

• decide 결정하다, 결정짓다.

  ex Have you ~d where you will go for your holidays?

• hesitate 주저하다, 망설이다, 싫어하다.

  ex He ~ what he should do next.

• insist 주장하다, 강조하다.

  ex He ~ed that he was innocent.

- reply 대답(응수)하다.

  ex He ~ied that I could please myself. (좋을 대로 하다.)

- respond 대답(응답)하다, 반응을 보이다.

  ex He ~ that wild animals need to stay with their habitat.

- worry 걱정(근심)하다.

  ex Don't ~ how the money was lost.

[6C형] S + vt + gerund(동명사)

- avoid 피하다, 달아나다.

  ex You can hardly avoid meeting her if you both work in the same office.

- consider 생각하다, 고려하다.

  ex We are considering going to Canada.

- defer 미루다, 연기하다.

  ex ~ making decision.

- dislike 싫어하다.

  ex ~ getting up early in the morning/being disturbed.

- enjoy 즐기다, 향락하다.

  ex I've ~ed talking to you about old times.

- finish 끝내다, 완성하다.

  ex He finished reading a book.

- forget 잊다, 잊어버리다.

  ex I forgot doing this.

- permit 허가(허락)하다.

  ex Circumstance do not ~ my helping you.
- remember 기억하다.

  ex I ~ posting your letters.
- resent 분개하다, 화내다.

  ex Does he ~ my being here?

[6D형] S + vt + gerund(동명사) (to 부정사로 전환도 가능)

- begin 시작하다.

  ex She began crying
- cease 그만두다, 그치다.

  ex The factory has ~d making bicycles.
- continue 계속하다.

  ex How long will you ~ working?
- hate 몹시 싫어하다, 증오하다.

  ex She ~s getting to the theater late.
- like 좋아하다.

  ex I don't ~ having meals in bed.
- love 좋아하다, 즐기다.

  ex She ~s having a lot of dogs around her.
- prefer 좋아하다.

  ex I ~ walking to cycling.
- propose 신청(제안)하다.

  ex I ~ starting early.

- quit 그치다, 그만두다.

  ex ~ grumbling.

- regret 유감으로 생각하다.

  ex I ~ being unable to help.

- repent 후회하다, 뉘우치다.

  ex Don't you ~ having wasted your money so foolishly.

- save 덜어주다, 면해 주다.

  ex You'll ~ spending money on bus fare.

- start 시작하다.

  ex It ~ed raining. It's starting to rain.

- stop 그만두다.

  ex We ~ped talking .

  ex Why doesn't he ~ beating his wife?

- try 시험하다, 조사하다.

  ex ~ knocking at the door.

- urge 간청하다, 설득하다.

  ex He urged our leaving soon.

[7A형] S + vt + to-infinitive(to-부정사)

- affect 〜인 체하다, 가장하다.

  ex He ~ed not to hear me.

- afford 〜족한 시간이 있다, 〜할 수 있다.

  ex We can't ~ to go away this summer.

- agree 동의(승낙)하다.

  ex We ~d to start early.

- ask (허락을) 청하다.

  ex I must ~ to be excused.

- attempt 시도하다, 꾀하다.

  ex The prisoner ~ed to escape.

- begin 시작하다.

  ex She began to feel dizzy.

- cease 그치다, 중지하다.

  ex The empire ~d to exist in 1918.

- choose 결정하다, 만족하다.

  ex I do not ~ to be a candidate.

- claim 인정을 요구하다.

  ex He ~ed to be the owner of the land.

- consent 동의(승낙)하다.

  ex He ~ed to go there.

- continue 계속하다.

  ex How long will you ~ to work?

- contrive 발명(궁리)하다.

  ex ~ to live on a small income.

- decide 결정(결심)하다.

  ex The baby ~d not to become a sailor.

- decline 거절(사절)하다.

  ex He ~d to discuss his plan.

- demand 요구(청산)하다.

  ex The policeman ~ed to know where he lived.

- deserve 받을 가치가 있다.

  ex He certainly ~s to be sent to prison.

- determine 결심하다.

  ex We ~d to start early.

- disdain 경멸하다, 오만하게 굴다.

  ex He ~ed to notice the insult.

- expect 기대하다.

  ex I ~ to be back on Sunday.

- forbear 억제하다, 삼가다.

  ex I ~ to go into details.

- forget 잊다.

  ex Don't ~ to post the letters.

- guarantee 보증(보장)하다.

  ex ~ to pay a man's debt.

- hate 증오하다, 미워하다.

  ex I ~ to trouble you.

- hope 희망하다.

  ex We ~ to see you soon.

- intend ～할 작정이다, 의도하다.

  ex What do you ~ to do?

- learn 배우다.

  ex ~ to swim.

- like 좋아하다.
  - ex I ~ to read in bed.
- mean 의도(작정)하다.
  - ex He ~s to succeed.
- offer 제공(제출)하다.
  - ex He ~ed to help me.
- plan 계획하다.
  - ex We're ~ning to visit Europe this summer.
- prepare 준비(채비)하다.
  - ex ~ to attack.
- pretend ~인 척하다.
  - ex ~ to be asleep.
- profess 주장하다, 칭하다.
  - ex I don't ~ to be an expert on that subject.
- promise 약속하다.
  - ex He ~d to be here.
- propose 신청(제안)하다.
  - ex I ~ to start early.
- reckon 예상하다.
  - ex I ~ to arrive in Delhi at noon
- refuse 거절하다.
  - ex ~ to help.
- remember 기억하다.
  - ex I ~ed to post your letters.

- resolve 결심(결정)하다.

  ex He ~d to succeed.

- seek 해보다, 시도하다.

  ex They sought to kill him.

- undertake 떠맡다, 책임을 지다.

  ex He undertook to finish the job by Friday.

- want 원하다.

  ex She ~s to go to Italy.

- wish 원하다.

  ex She ~ed to be alone.

[8형] S + vt + 의문사 + to-infinitive

- ascertain 확인하다, 알아내다.

  ex ~ how to achieve target.

- consider 생각(고려)하다.

  ex Have you ~ed how to get there?

- decide 결정(결심)하다.

  ex He couldn't ~ what to do next.

- determine 결심하다.

  ex This investors ~d when to sell stocks.

- discover 발견하다, 알게 된다.

  ex I never ~ed how to start the engine.

- explain 설명하다.

  ex Your doctor will ~ how to reduce calories safely.

- forget 잊다, 생각나지 않다.

  ex I have forgotten how to do it.

- inquire 묻다, 알아보다.

  ex I will ~ how to get there.

- know 알다.

  ex Do you ~ how to play chess?

- learn 배우다.

  ex Students will ~ how to construct a logical argument.

- look 주의하다, 조사해 보다.

  ex ~ how to strengthen friendships.

- note 알아채다, 주의하다.

  ex He finally ~d how to put it softly.

- observe 알아채다, 관찰하다.

  ex The scientists ~d how to do this.

- recollect 회상하다, 생각해 내다.

  ex Can you ~ how to get there.

- understand 이해하다.

  ex They understood what to do more easily.

- watch 지켜보다, 주시하다.

  ex I'll ~ how to grow my children.

- wonder 자문하다, 알고 싶어하다.

  ex I was ~ing how to get there quickly.

[9형] S + vt + that 절

- accept 동의(인정)하다.

  ex I ~ that the change may take some time.

- acknowledge 고백(인정)하다.

  ex He ~ that he was defeated.

- adjudge 판결(선고)하다.

  ex ~ that a man is insane.

- admit 시인(자백)하다.

  ex I ~ that I was mistaken.

- affirm 단언(확언)하다.

  ex ~ that it is true.

- allege 주장(단언)하다.

  ex He ~ed that the accused man was seen of the scene of the crime.

- allow 인정하다.

  ex We must ~ that he is a genius.

- announce 알리다, 발표하다.

  ex The government ~d that the danger was past.

- answer 대답하다.

  ex He ~ed that he knew nothing about it.

- anticipate 기대(예상)하다.

  ex The director ~d that demand would fall.

- apprehend 염려(우려)하다.

  ex Do you ~ that there will be any difficulty?

- argue 주장하다.

  ex He was ~ing that poverty may be a blessing.

- ascertain 확인하다, 알아내다.

  ex ~ that the news is true.

- ask 청하다.

  ex He ~ed that he might get up.

- assume 가정하다.

  ex You ~ that he is innocent before hearing the evidence against him.

- believe 믿다, 생각하다.

  ex They ~d that he was insane.

- bet 내기하다, 돈을 걸다.

  ex I ~ that we're too late.

- calculate 추측하다, 믿다, 추정하다.

  ex I ~ (that) it's waste of time.

- certify 증명하다.

  ex I ~ that this is a true copy of claim.

  ex He ~ed that he owned the land.

- claim 인정을 요구하다.

  ex He ~ed that he owned the land.

- command 명하다, 명령하다.

  ex He ~ed that the prisoners should be shot.

- conceive 마음에 품다, 고안(구상)하다.

  ex I ~d that there must be some difficulties.

- conclude 신념(의견)에 도달하다, 결론짓다.

  ex The jury ~d that the accused man was not guilty.

- confess 고백(자백)하다.

  ex He ~ed that he had stolen the money.

- confirm 확실히 하다, 굳히다.

  ex All of them will ~ that I am a team-player.

- consider 〜라고 여기다, 간주하다.

  ex We ~ that you are not be to blame.

- conjecture 짐작(추측)하다.

  ex He might ~ that all were influenced.

- declare 엄숙히 말하다, 선언하다.

  ex The accused man ~d that he was guilty.

- decree 포고(발포)하다.

  ex You should ~ that the credit crisis is over.

- deem 생략하다, 간주하다.

  ex He ~ed that it was his duty to help.

- demand 요구(청구)하다.

  ex He ~ed that I should help him.

- demonstrate 증명하다.

  ex How would you ~ that the world is round.

- deny 부정(부인)하다.

  ex I ~ that the statement is true.

- depose 입증하다, 선서(증언)하다.

  ex ~ that he saw the accident.

- desire 열망하다, 바라다.

  ex It is ~d that the staff should pay attention to this rule.

- determine 결심하다.

  ex He has ~d that nothing will prevent him.

- discover 찾아내다, 발견하다.

  ex We suddenly ~ed that it was too late to catch the train.

- doubt 의심하다, 망설이다.

  ex I don't ~ that he will come.

- dream 꿈꾸다, 상상하다.

  ex He ~ed that he was at sea.

- enact 제정(포고)하다.

  ex They ~ that it will be possible to get them to issue statutory guidance.

- ensure 확실하게 하다, 보증하다.

  ex I can't ~ that he will be there in time.

- exclaim 소리치다, 외치다.

  ex ~ he lived in a very dangerous country.

- expect 기대하다, 바라다.

  ex ~ it was the cat.

- explain 설명하다.

  ex ~ the player used steroid to enhance his ability.

- fancy ~라는 생각이 들다.

  ex I rather ~ he won't come.

- fear 불안해하다, 나쁜 예감을 가지게 하다.

  ex I ~ that he has failed.

• feel 생각이 들다.

ex He felt the plan was unwise.

• feign 꾸미다, ~인 체하다.

ex ~ that one is mad.

• foretell 예고(예언)하다.

ex ~ the same episode will not happen again.

• forget 잊다.

ex Did you ~ I was coming?

• grant 인정하다.

ex I ~ that he is honest.

• guess 추측하다.

ex I ~ you are right.

• hint 암시하다.

ex I ~ed that he ought to work harder.

• hold 생각하다, 여기다.

ex ~ that he is foolish.

• hope 기대(희망)하다.

ex I ~ you haven't hurt yourself?

• imagine 상상하다.

ex I don't ~ they'll refuse.

• imply 의미(암시)하다.

ex Are you ~ing that I am not telling the truth?

• indicate 가리키다, 지적하다.

ex He ~d that the interview was over.

- intend 의도하다, ～할 작정이다.

  ex We ~ that they shall do it.

- intimidate 알리다, 공표하다.

  ex ~ that one approves of a plan.

- know 알다.

  ex Every child ~s that two and two makes four.

- learn 알다.

  ex ~ that she had got married again.

- maintain 주장하다.

  ex ~ that one is innocent of a charge.

- mention 말하다, 언급하다.

  ex He ~ed to me that he had seen you.

- mind 돌보다, 보살피다.

  ex ~ that you don't forget.

- move 제의하다.

  ex I ~ that the money be used for library book.

- note 알아차리다.

  ex She ~d that his hands were dirty.

- observe 알아채다, 관찰하다.

  ex He ~d that it had turned cloudy.

- order 명령(지시)하다.

  ex The judge ~ed that the prisoner should be remanded.

- predict 예언(예보)하다.

  ex ~ that there will be an earthquake.

- prefer 오히려 ~을 택하다, 좋아하다.

  ex I should ~ that you did not go there alone.

- presume 가정(추측)하다.

  ex I ~ that they have seen him.

- pretend ~인 체하다.

  ex The boys ~ that they are pirates.

- proclaim 선언(선포)하다.

  ex ~ that he is a traitor.

- profess 주장하다, 칭하다.

  ex She ~ed that she could do nothing unaided.

- promise 약속하다.

  ex He ~d that he would be here at 6.

- pronounce 선언(선포)하다.

  ex The doctor ~d that he was out of danger.

- propose 제안(신청)하다.

  ex I ~ that we should start early.

- protest 단언(주장)하다.

  ex He ~ed that he was innocent.

- prove 증명(입증)하다.

  ex ~ that he is guilty.

- realize 깨닫다, 이해하다.

  ex Does he ~ that you must have help?

- reason 논하다.

  ex ~ed that we could arrive before noon.

- recall 생각해 내다.

  ex I don't ~ that I met him.

- recommend 권하다, 조언하다.

  ex I ~ that you do not disobey your officers.

- regret 슬퍼하다, 애석해하다.

  ex I ~ that I cannot help.

- remember 기억하다.

  ex ~ that we're going out tonight.

- repeat 반복하다, 되풀이하다.

  ex I ~ that I cannot undertake the task.

- report 보고(보도)하다.

  ex They ~ed that another earth satellite has been put into orbit.

- request 청하다, 부탁하다.

  ex I ~ that he use his influence on my behalf.

- resolve 결심(결정)하다.

  ex He ~d that nothing should hold him back.

- say 말하다.

  ex He said that his friend's name was Sam.

- see 보다, 알아채다.

  ex I saw that the box was empty.

- show 설명하다, 보이다.

  ex He ~ed that he was annoyed.

- signify 알리다, 표시하다.

  ex He ~ied that he agreed by nodding.

- state 진술하다.

  ex He ~d that he had never seen her.

- stipulate 약정(규정)하다.

  ex It was ~d that the goals should deliver within 3 days.
- suggest 제안(제의)하다.

  ex I ~ed that we should go home.
- suppose 가정하다.

  ex Let us ~ (that) the news is true.
- suspect 알아차리다.

  ex I ~ (that) he is a liar.
- swear 선언하다.

  ex He swore that he would tell the truth.
- testify 증언(입증)하다.

  ex He ~ied that he had not been at the scene of the crime.
- think 믿다, 여기다.

  ex Do you ~ it will rain?
- urge 간청하다, 강권하다.

  ex He ~d that we should leave.
- wish 한 희망을 가지다.

  ex I ~ I were rich.

[10형] S + vt + dependent clause/question(종속절/종속의문문)
- ascertain 확인하다, 알아채다.

  ex ~ what really happened.
- ask 청하다.

  ex You should at least ~ when you want to borrow it.

- conceive 마음에 품다, 고안(구상)하다.

  ex I can't ~ why you allowed the child to travel alone.

- consider 생각(고려)하다.

  ex Have you ~ed how you could get there?

- describe 기술(묘사)하다.

  ex Please ~ what you saw.

- determine 결심하다.

  ex Have they ~d where the new school will be built?

- discover 찾아내다, 발견하다.

  ex It was never ~ed how he died.

- dream 꿈꾸다.

  ex He has dreamed when he was at sea.

- explain 설명하다, 밝히다.

  ex Please ~ to me what this mean.

- express 알리다, 나타내다.

  ex I cannot easily ~ how grateful I am for your help.

- find 알다. 깨닫다, 알아내다.

  ex Please find out when the train starts.

- foresee 예견하다, 미리 알다.

  ex ~ what will happen.

- foretell 예고하다, 예언하다.

  ex He doesn't ~ when such a quake might occur.

- forget 잊다, 기억하지 못하다.

  ex I have forgotten where he lives.

- guess 추측하다, 알아맞히다.

  ex Can you ~ what my weight is?

- hear 귀를 기울이다, 주의하다.

  ex You'd better ~ what they have to say.

- inquire 묻다, 문의하다.

  ex They ~ what a person wants.

- know 알다.

  ex Do you ~ how you play the chess?

- learn 배우다, 익히다.

  ex We have not yet ~ed whether he arrived safely.

- note 알아채다, 주의하다.

  ex He ~d how I did it.

- predict 예언(예보)하다.

  ex Nobody could ~ when the cave might collapse.

- prophesy 예언(예보)하다.

  ex ~ when war will break out.

- recall 생각해 내다, 상기하다.

  ex I don't ~ where I met him.

- recollect 생각해 내다, 회상하다.

  ex He ~ed when he met her.

- remember 기억하다, 생각해 내다.

  ex Do you ~ where you put the key?

- say 말하다, 이야기하다.

  ex Everyone said how well I was looking.

• see 알아채다, 보다.

　ex You will see how I do it/how it is done.

• settle 결정하다, 해결하다.

　ex Have they ~d where they'll spend their holiday?

• show 증명하다, 보이다.

　ex He ~ ed how annoyed he was.

• suggest 제시(건의)하다.

　ex Can you ~ where I can park my car?

• think 상상하다, 구상하다.

　ex I can't ~ what you mean.

• understand 이해하다, 알아듣다.

　ex He didn't ~ what I said.

• watch 지켜보다, 주시하다.

　ex ~ what I do and how I do it.

[11형] S + vt + noun/pronoun + that-clause(that-절)

• assure 장담하다, 보장하다.

　ex I ~ you that there's no danger.

• beseech 간청(탄원)하다.

　ex He ~ed his wife that he might be allowed to stay at home.

• bet 내기하다, 돈을 걸다.

　ex He ~ me that Hyperion would win.

• convince 확신을 품게 하다, 깨닫게 하다.

　ex He ~ed the policeman that he was innocent.

- inform 알리다, 정보를 주다.

  ex They ~ed us that two prisoners had escaped.

- notify 아무에게 통지(통보)하다.

  ex They ~ him that a person has been included on the list.

- persuade 납득시키다, 믿게 하다.

  ex How can I ~ you that I am sincere.

- promise 약속(계약)하다.

  ex He ~d me that he would be here at 6 o'clock.

- remind 일깨우다, 생각나게 하다.

  ex ~ travelers that inoculation against yellow fever is advisable.

- teach 가르치다, 알게 하다.

  ex he thought me that the stove was hot.

- tell 알리다, 고하다.

  ex He told me that he was coming.

- warn 경고(경계)하다.

  ex He ~ed me that there were pickpockets in the crowd.

[12A형] S + vt + ID(간목) + DO(직목)

- accord 주다, 수여하다.

  ex ~ me permission.

- allot 분배(할당)하다.

  ex They ~ted a new school a lot of budget.

- allow 주다, 갖게 하다.

  ex He allows his wife £100 a year.

- assign 할당(배정)하다.

  ex I will ~ you your role.

- award 수여하다, 상을 주다.

  ex He was ~ed the first prize.

- bequeath 물려주다, 남기다.

  ex He has ~ed me his gold watch.

- cause 원인이 되다, 일으키다.

  ex This has ~d us much anxiety.

  ex You've ~d trouble to all of us.

- chuck 내던지다, 팽개치다.

  ex ~ me the newspaper, would you?

- concede 인정하다, 주다, 양도하다.

  ex He ~d ten points to his opponent.

- deal 분배하다.

  ex He ~t me a hard blow on the chin.

- ensure 획득(확보)하다.

  ex I cannot ~ you a good post.

- fling 휙 (내)던지다, 내팽개치다.

  ex She flung him a scornful look.

- forward 전진(촉진)시키다.

  ex ~ goods to sb.

- give 주다.

  ~ the porter your bags.

- grant 들어주다, 허가하다.

  ex ~ him a pension.

- grudge 싫어하다, 아까워하다.

  ex I don't ~ him his success.

- guarantee 약속하다.

  ex I can't ~ you our comeback.

- hand 주다, 넘겨주다.

  ex Please ~ me that book.

- lend 빌려주다, 꾸어주다.

  ex I can't ~ everyone money.

- make 제안(제출)하다.

  ex We made them two attractive proposals.

- mean 의도(작정)하다.

  ex He ~s no harm to anyone.

- mention 말하다, 언급하다.

  ex I shall ~ it to him.

- offer 제공(제안)하다.

  ex He ~ed me his help.

- owe ～에 빚이 있다.

  ex He doesn't ~ me anything.

- pass 넘겨(건네)주다,

  ex Please ~ me the butler.

- promise 약속하다.

  ex He ~d myself a quiet weekend.

- recommend 추천(천거)하다.

  ex Can you ~me a good novel?

- reimburse 배상하다, 상환하다.

  ex We must ~ him the costs of the journey.

- remit 우송하다.

  ex When can you ~ me the money?

- render 주다, 갚다.

  ex ~ thanks to God.

- return 돌려주다, 반환하다.

  ex When will you ~ me the book?

- sell 팔다.

  ex Will you ~ me your bicycle?

- send 보내다.

  ex He sent me a telegram.

- show 보이다, 전시하다.

  ex He ~ed me his picture.

- sweep 인사하다.

  ex She swept him a curtsy.

- teach 가르치다.

  ex He ~s the students history.

- tell 알리다, 고하다.

  ex I told him my name.

- tender 제공(제출)하다.

  ex He ~ed the government his service.

- throw 던지다.

  ex He threw his sister the call.

- toss 던지다, 던져올리다.

    ex ~ a ball to sb.
- wish 희망하다, 바라다.

    ex ~ sb a pleasant journey.

[12B형] S + vt + ID(간목) + DO(직목)

- build 짓다, 건설하다.

    ex Mr. Green is ~ing me a garage.
- buy 사다.

    ex ~ me one.
- cook 요리하다.

    ex She ~ed her husband some sausages.
- cut 자르다.

    ex ~ me a slice of cake.
- earn 벌다, 받다.

    ex His achievements ~ed him respect and administration.
- fetch 가서 가져(데려)오다.

    ex ~ you your coat from the next room.
- fill 채우다.

    ex ~ this bucket with water for me.
- find 되찾다, 찾아내다.

    ex Please ~ Mary her bag.
- leave 두고 가다, 넘겨주다.

    ex Did the postman ~ me anything?

- make 만들다, 제조하다.

  ex I made myself a cup of tea.

- mix 섞다, 혼합하다.

  ex The doctor ~ed me a bottle of medicine.

- order 명령(지시)하다.

  ex The doctor has ~ed me absolute quiet.

- pay 지불하다, 치르다.

  ex He paid $500 to a dealer.

- play 연주하다.

  ex Please ~ me some Chopin.

- pour 따르다, 붓다.

  ex please ~ me a cup of tea.

- procure 얻다, 획득하다.

  ex Can you ~ me some specimens?

- roll 말다, 말아서 만들다.

  ex Please ~ a cigarette for me.

- save 떼어두다, 저축하다.

  ex ~ some ice-cream for me.

- sing 노래하다(부르다).

  ex Will you ~ me a song?

- vote 의결하다.

  ex ~ the education plan a sum of money.

[12C형] S + vt + noun/pronoun + noun/pronoun

- ask 묻다, 청하다.

  ex May I ~ you a question?

- bear 낳다, 참다.

  ex She has borne him six sons.

- bet 내기하다, 돈을 걸다.

  ex He ~ me a pound.

- envy 부러워하다, 선망하다.

  ex I envy you your fine garden.

- hit 때리다, 치다

  ex ~ sb a hard blow.

- land 상륙하다.

  ex She ~ed him one in the eyes.

[14형] S + vt + DO + prep noun(전치사 명사)

- abandon oneself to 빠지다, 탐닉하다.

  ex He ~ed himself to despair.

- abbreviate 줄이다, 생략하다.

  ex ~ January to Jan.

- abstract 추출(분리)하다.

  ex ~ metal from ore.

- acclimatize 익숙해지다, 적응하다.

  ex She had ~ed herself to the cold.

- accommodate 공간을 제공하다, 수용하다.

ex I will ~ my plans to yours. 조절하다, 조화시키다.

- accuse 아무를 고소하다, 비난하다.

  ex ~ sb of theft/cowardice.

- accustom ~에 익숙하게 하다.

  He had to ~ himself to long marches.

- acquaint ~ sb/oneself with 아무에게 숙지시키다.

  ex ~ sb with the facts of the case. 사건의 진상을 알리다.

- acquit ~ (of/on sth) 무죄로 하다, 방면하다.

  ex He was ~ted of the crime/~ed on two of the charge.

- adapt 적합(적응)시키다.

  ex When you go to a new country, you must ~ yourself to new manners and customs.

- add ~ sth to sth 더하다, 보태다.

  ex If you add 5 to 5, you get 10.

- address ~ sth to 말하다, (항의 등을) 보내다.

  ex Please ~ complaints to the manager.

- adjudge 판정해서 주다.

  ex ~ land and property to sb.

  ex ~ a prize/legal damages to sb

- adjudicate 판결(재정)하다.

  ex ~ a claim for damages.

- adjust ~ oneself/sth (to) 맞추다, 조정하다, 조절하다.

  ex The body ~s itself to changes in temperature.

- administer 적응하다, 집행하다, 베풀다.

  ex ~ punishment to sb.

- admit ~ sb (into/in) 허가하다, 들어가게 하다.

  ex The servant ~ted me into the house.

- admonish 훈계하다, 타이르다.

  ex The teacher ~ed the boys for being lazy/~ed them against smoking.

- advance 앞당기다, 제출하다, 촉진시키다.

  ex May I ~ my opinion on the matter?

- advice 알리다, 통지하다.

  ex Please ~ us of dispatches of the goods.

- affiliate ~ (to/with) 가입시키다(하다).

  ex The college is ~d to the university.

- affirm ~ to be that …아무에게 ~을 단언하다.

  ex I ~ it to be a fact.

  ex I ~ to be that it is a fact.

- aim 던지다, 치다.

  ex He ~ed (his gun) at the lion.

  ex Tom ~ed a heavy book at his head.

- alienate ~ sb (from) 소원하게 하다, 멀어지게 만들다.

  ex Disaster now would ~ the people from the new unitary authority.

  ex His administration will ~ his nation from the rest of the world.

- align 제휴하다(시키다).

  ex They ~ed themselves with us

- allocate ~ (to/for) 할당하다.

  ex ~ duties to sb.

- allot ~ sth (to) 분배하다, 할당하다.

  ex ~ sth to sb.

- animate ~ sb/sth (to/with sth) 살리다, 생기를 불어넣다.

  ex The news ~d us to greater efforts.

- ascribe ~ to ~의 원인으로 간주하다.

  ex He ~d his failure to bad luck.

- attach ~ sth to sth. 부착하다.

  ex ~ a document to a letter.

  ~ oneself to 가입/소속하다.

  ex ~ oneself to a political party.

- attribute ~ to ~의 탓으로 여기다.

  ex He ~s his success to hard work.

- avail ~ oneself of ~을 이용하다.

  ex You should ~ yourself of every opportunity to practice speaking English.

- avert ~ from 돌리다.

  ex ~ one's eyes from a terrible spectacle.

- awe ~ (into) 위압하다.

  ex He awed them into obedience.

- barter 물물교환하다.

  ex ~ wheat for machinery.

- base 세우다, 근거를 두다.

  ex I ~ my hopes on the news.

- bear ~ (against/toward) 품다.

  ex ~ a grudge against sb. 원한을 품다.

- bereave 빼앗다, 사별하다.

  ex Indignation bereft him of speech.
- bestow 주다, 수여하다.

  ex ~ an honor/a title on sb.
- bid 값을 매기다(부르다).

  ex Mr. X bid $5000 for the horse.
- bilk 돈을 떼어먹다.

  ex He ~ed us out of the money.
- blame ~을 탓하다, 책임으로 보다.

  ex He ~ed his teacher for his failure.
- blind ~ sb to 눈을 멀게 하다.

  ex His feeling for her ~ed him to her faults.
- bluff ~ sb into doing sth 아무를 속여 ~하게 하다.

  ex He could ~ nobody into believing that he was rich.
- censure 비난하다, 나무라다.

  ex ~ sb for being lazy.
- change ~ (for/into sth) ~을 ~으로 변화시키다.

  ex He ~d me with neglecting my duty.
- choke 질식시키다.

  ex Her voice was ~d with sobs.
- clear ~ sth (of/from) 치우다, 쫓아내다.

  ex ~ the streets of snow.
- coax ~ (from/into/out of) 구슬리다, 달래다.

  ex ~ a smile from the baby.
- combine ~ (with) 결합하다.

  ex Some films ~ education with recreation.

- commend ~ sb (on sth) 칭찬하다, 추천하다.

  ex ~ someone upon his good manners.

- commit ~ sb/sth to… 범하다, 저지르다.

  ex ~ a man to prison. ~ a patient to a hospital.

- commute ~ (into/for) 출근하다.

  ex A vast number of people ~ into the Tower Hamlets to work.

- compare ~ (with) 비교/대조하다, ~ to 비유하다.

  ex Poets have ~d sleep to death.

- compute ~ (at) 추정(계산)하다.

  ex He ~d his losses at $5000.

- conceal ~ sth from sb. 숨기다, 비밀로 하다.

  ex Do not tell a friend what you would ~ from an enemy.

- conceive ~ (of) 고안(구상)하다.

  ex Who first ~d the ideal of filling bags with gas?

- concentrate ~ (on/upon) 주의를 집중하다.

  ex You should ~ your attention on your work.

- conclude ~ sth with sb. 결말짓다, 성취하다.

  ex Wales ~d a treaty with Scotland.

- conduct 인도(안내)하다.

  ex ~ her to the door.

- confide ~ to 털어놓다, 맡기다.

  ex He ~d his troubles to a friend.

- confine ~ to 한정(제한)하다.

  ex Please ~ your remarks to the subject.

- confront ~ sb with… 대견(대질)시키다.

  ex The prisoner was ~ed with his accusers.

- congratulated 축하하다.

  ex ~ sb on his marriage.
- conscript 징집하다.

  ex ~ed into the army.
- consecrate 신성하게 하다.

  ex ~ one's life to the service of God.
- consign 건네주다, 맡기다.

  ex ~ a child to its uncle's care.
- console 위로하다.

  ex ~ sb for a loss.
- contort 찌그러지다.

  ex a face ~ed with pain.
- contract ～ (with) (for) 계약하다, 동의하다.

  ex ~ an alliance with another country.
- contrast 비교(대조)하다.

  ex ~ these imported goods with the domestic product.
- convert ～ sth (to/into sth) ～으로 바꾸다.

  ex ~ rags into paper.
- convict (과오를) 깨닫게 하다.

  ex ~ sb of his errors.
- convince ～ sb of sth 확신을 품게 하다.

  ex We couldn't ~ him of his mistake.
- cram ～ into, ～ (up) (with) 꽉 채우다, 밀어넣다.

  ex ~ food into one's mouth/ ~ up one's mouth with food.

- credit ～ sb/sth (with sth) 가지고 있다고 믿다.

    ex I've always ~ed you with more sense.

- criticize ～ for 비난(비평)하다.

    ex ~ sb for doing/not doing sth.

- crown ～ (with) ～의 꼭대기에 있다.

    ex The hill is ~ed with a wood.

- cumber 방해하다, 곤란하게 하다.

    ex ~ oneself with an overcoat on a warm day.

- cure ～ sb (of sth) 치료하다, 고치다.

    ex ~ a child of bad habits.

- dedicate 바치다.

    ex He ~d his life to the service of his country.

- defraud ～ (of) 편취(사취)하다.

    ex ~ an author of his royalties by ignoring copyright.

- delegate ～ (to) 위임하다.

    ex ~ rights to a deputy.

- delete ～ (from) 삭제하다, 지우다.

    ex Several words had been ~d from the letter by the censor.

- delude ～ sb with sth 속이다, 미혹시키다.

    ex ~ sb with promises one does not intend to keep.

- denude ～ (of) 벗기다.

    ex trees ~d of leaves.

- deplete ～ (of) 다 써버리다, 비우다.

    ex ~ a lake of fish.

- deprive ～ of 빼앗다, ～ 못하도록 막다.

    ex trees that ~ a house of light.

- derive ~ from 손에 넣다, 획득하다.

  ex ~ great pleasure from one's studies.
- describe ~ (to/for) 기술(묘사)하다.

  ex Cay you ~ it to/for me?
- detach ~ (from) 떼다, 분리하다.

  ex ~ a link from a chain.
- deter ~ from 단념시키다, 제지하다.

  ex Failure did not ~ him from trying again.
- dictate ~ (to) 받아 쓰게 하다, 명령(지시)하다.

  ex ~ a letter to a secretary.
- dignify ~ (with) 위엄을 갖추다.

  ex ~ it with the name library. 도서관이라는 이름으로 품격을 부여하다.
- dilute ~ (with) 희석하다.

  ex ~ wine with water.
- dip ~ in/into 담그다, 적시다.

  ex ~ one's pen into the ink.
- direct ~ sb (to) 지시하다, 길을 가리키다.

  ex Can you ~ me to the post office?
- discriminate 두 가지를 구별(판별)하다.

  ex Can you ~ good books from bad books?
- disembarrass ~ of 곤경에서 구해 내다.

  ex ~ oneself of a burden/charge/responsibility.
- disentangle 구분하다, 풀어주다. ~ (from)

  ex ~ truth from falsehood.
- dispossess ~ sb of sth 박탈하다, 내놓도록 강요하다.

  ex The nobles were ~ed of their property after the revolution.

- divest ~ of 벗게 하다.

  `ex` ~ a king of his lobes.

- ease ~ (of) 편안하게 하다, 덜어주다.

  `ex` ~ sb of his pain/trouble.

- edge 테두리를 두르다, 조금씩 움직이다. ~ (with) 테두리에 달다.

  `ex` ~ a handkerchief with lace/a garden path with plants.

- elect 선출(선거)하다.

  `ex` ~ Green to the Academy.

- elevate ~ (to) 들어올리다, 높이다.

  `ex` ~ a man to the peerage.

- eliminate ~ (from) 제거(삭제)하다.

  `ex` ~ slang words from an essay.

- embellish ~ (from) 장식하다, 제공하다.

  `ex` ~ a dress with lace and ribbons.

- embody ~ (in) 구체화하다.

  `ex` ~ one's idea in a speech.

- enclose ~ (with) (담)을 두르다.

  `ex` ~ a garden with a wall fences.

- encourage ~ sb in sth ~하도록 희망(용기)을 주다, 지지하다.

  `ex` ~ a boy in his studies.

- encumber ~ (with) 방해되다, 부담이 되다.

  `ex` ~ oneself with unnecessary luggage.

- endear ~ sb/oneself to 자신을 ~에게 사랑받게 하다.

  `ex` ~ oneself to everyone.

- enforce ～ (on/upon) 복종을 강요(강제)하다, 실시(시행)하다.

  ex ~ a course of action upon sb.
- engrave ～ (on/upon) 새기다, 조각하다.

  ex ~ a design on a metal plate.
- enjoin ～ (on sb) 명령하다, 재촉하다.

  ex ~ a duty on sb.
- enlighten ～ (on) 계몽(교화)하다.

  ex Can you ~ me on this subject.
- enrich ～ (with) 향상하다, 높이다.

  ex ~ the mind with knowledge.
- ensure ～ (sb) against sth 반드시 ～하게 하다, 보장하다.

  ex We ~d ourselves against loss of heat.
- entail ～ (on) 필요하게 하다. 과하다.

  ex These plans ~ great expense on us.
- entertain ～ (to) 대접하다.

  ex ~ friends to dinner.
- entrust ～ sth to sb/～ sb with sth 맡기다, 위임하다.

  ex Can I ~ the task to you/~ you with the task?
- estrange ～ (from) 떼어놓다, 이간하다.

  ex ~ sb from his friends.
- exert ～ (on/upon) 가하다, 힘껏 노력하다.

  ex Then should I ~ it early on?

  ex ~ pressure on sb.

  ex Sponsors can ~ pressure on clubs.

- expose 드러내다, 노출하다.

  `ex` ~ soldiers to unnecessary risks

- free ～ from 석방(해방)하다.

  `ex` ~ an animal from a trap.

- importune 졸라대다, 치근거리다.

  `ex` She ~d her husband for more money.

- impress ～ (on) 찍다.

  `ex` ~ a seal on wax.

- keep ～ sb/sth from ～을 하지 못하게 하다.

  `ex` We must ~ them from getting to know our plans.

- knock 때리다, 부딪치다.

  `ex` He ~ed his head against the wall.

- lash 세게 때리다, 갑자기 움직이다.

  `ex` He ~ed the horse across the back with his whip.

- lead ～ (to) 유도하다, 설득하다.

  `ex` What led you to this conclusion?

- lend 아무에게 빌려주다.

  `ex` I can't ~ money to everyone.

- levy ～ (on) 부과(징수)하다.

  `ex` ~ a tax/a ransom on sb.

- liken ～ sth to sth 을 ～에 비유하다.

  `ex` ~ the heart to a pump.

- limit 제한(한정)하다.

  `ex` We must ~ the expense to what we can afford.

- litter ～ sth (up) with 어지르다, 흩트리다.

  ex ~ a desk with papers.

- load ～ sth into/onto sth/sb ～을 싣다, 짊어지우다.

  ex ~ sacks on to a cart/a donkey.

- make 만들다, 형성하다.

  ex We ~ bottles (out) of glass.

- match ～ sth/sb against/with 경쟁(대항)시키다.

  ex I'm ready to ~ my strength with/against yours.

- mean ～ (by) 의미하다, 뜻하다, ～ sth to sb 중요하다, 값지다.

  ex What do you mean by saying that?

  ex Your friendship ~s a great deal to me.

- merge ～ (in/into/with) 합병하다.

  ex The small banks were ~d into one large organization.

- model ～ (in) 모형을 만들다.

  ex ~ sb's head in clay.

- mortgage ～ (to) (for) 담보 대출을 받다.

  ex ~ a house to sb for $200,000.

- multiply ～ sth by sth 곱하다.

  ex ~ 3 by 5.

- mutter 중얼거리다, 투덜거리다.

  ex He was ~ing away to himself.

- name 이름짓다, 명명하다.

  ex The child was ~d after its father.

- negotiate ～ sth (with sb) 토의해서 처리하다, 협정하다.

  ex The government will not ~ with terrorists.

- nominate ～ sb (for) 지명하다.

  ex ～ a man for the president.

- notify ～ sb of sth 알리다, 통지하다.

  ex ～ the police of a loss.

- obtrude ～ (upon) 강제하다, 강요하다.

- offer ～ sth to sb; ～ sth for sth 제공(제출)하다, 제안하다.

  ex They ~ed a reward for the return of the jewels.

- oppose ～ (against/to) 대립시키다, 대항하다.

  ex ～ your will against mine.

  ex ～ a vigorous resistance to the enemy.

- oust ～ sb (from) 내쫓다, 해고하다.

  ex ～ a rival from office.

- owe ～ sth to sth 돌려야 한다, 덕택이다.

  ex He ~s his success to good luck.

- pack ～ into 채워(틀어)넣다.

  ex ～ people into an already overcrowded bus.

- pass ～ sth on sth/sb 말하다, 언도하다.

  ex ～ sentence on an accused man.

- pay ～ sb for sth ～에게 지불하다, 치르다.

  ex He paid $700 to a dealer for that car.

- pelt ～ sth (at sb); ～ sth (with sth) 던져 공격하다, 내던지다.

  ex ～ sb with stones/snowballs.

- persuade ～ sb of sth 납득시키다, 믿게 하다.

  ex How can I ～ you of my sincerity?

- pester ～ sb (with sth/for sth) 아무를 괴롭히다, 고통을 주다.

  ex ~ one with vexatious questions.
- petition ～ sb (for sth) 청원(탄원)하다.

  ex They ~ed him for bankruptcy.
- plate ～ (with) 판금으로 씌우다(덮다).

  ex This used to be plated with gold.
- play ～ (sth) on/upon sth 발사(발포)하다.

  ex We ~ed our guns on the enemy's lines.
- plunder ～ (of) 약탈하다.

  ex ~ a palace of its treasures.
- point ～ sth at/towards 겨누다, ～로 향하다.

  ex ~ a gun at sb.
- precipitate ～ sb/sth into sth ～을 ～에 빠뜨리다.

  ex ~ the country into war.
- predestine ～ sb to sth 예정하다.

  ex It seemed she was ~d to be famous.
- predispose ～ sb to sth 기울게 하다, 마음내키게 하다.

  ex His early training ~d him to a life of adventure.
- prefer ～ (to) ～을 택하다, 좋아하다.

  ex I ~ walking to cycling.
- prescribe ～ sth (for sth) 사용을 권(명)하다.

  ex The doctor ~d drugs for a patient.
- present ～ sth to sth; ～ sb with sth 주다, 제공하다.

  ex ~ the village with a bus-shelter.

- preserve ～ (from) 보호(보존)하다.

  ex Social activities ~ old people from the loneliness.

- press ～ (sb) for sth 재촉하다, 주장하다, 권하다.

  ex They continued to ~ for a change in the law.

- prevent ～ sb (from) 막다, 방지하다.

  ex Who can ~ us from getting married.

- promote ～ (to) 진급(승진)시키다.

  ex ~ him to sergeant.

- pronounce ～ sth on to sb. 투영(영사)하다.

  ex She always ~s her own neuroses on to her colleges.

- protect ～ sb/sth (from/against) 방어(보호)하다.

  ex They ~ed the trees from the cold.

- prove ～ (to) 증명(입증)하다.

  ex They ~d him to know nothing about it.

- prune ～ sth from sth; ～ sth off sth 잘라내다, 전지하다.

  ex ~ an essay of superfluous matter.

- punish ～ sb(with/by sth) (for sth) 처벌하다.

  ex They ~ed a man with/by death.

- purge ～ sb (of/from sth); ～ sth (away) (from sb) 깨끗이(제거)하다.

  ex Nothing could ~ the guilt from her mind.

- purify ～ sth (of) 깨끗이(맑게) 하다.

  ex They purified a state of the traitors.

- purvey ～ (to) 공급(조달)하다.

  ex A butcher ~s meat to his customers.

- put ~ sth to sb 놓다, 두다.

  ex ~ a question to the vote.

- qualify ~ sb (for sth) 아무에게 자격을 주다.

  ex His training ~ies him for a teacher of English.

- quote ~ (from) 인용하다.

  ex ~ a verse from the Bible.

- rain ~ sth on/upon 빗발치듯 퍼붓다.

  ex The people ~ed gift upon the heroes.

- ransack ~ sth (for sth) 샅샅이 찾다.

  ex He ~ed the room for the key.

- rasp ~ sth (away/off) 줄줄이 쓸어내다, 문지르다.

  ex The water has ~ed away the rocks.

- rate ~ (at) 평가하다(되다).

  ex ~ my property at $100 per annum.

- realize ~ (on) 팔리다, 이익을 얻다.

  ex The furniture ~d a high price at the sale.

- reason ~ sb into/out of sth 설득하여 ~시키다.

  ex ~ sb into a sensible course of action.

- recall ~ sb (from/to) 소환하다.

  ex ~ an ambassador from his post.

- recommend ~ sth (to sb) (for sth); ~ sb (for sth/as sth) 추천(천거)하다, 권하다.

  ex ~ him for first class honours.

- recompense ~ sb (for sth) 보답하다, 갚다.

  ex ~ sb for his trouble. ~ good with evil.

- reconcile ∼ oneself to sth; ∼ sth (with sth) 조화(일치)시키다.

    ex I can't ~ what you say with the facts of the case.

- recoup ∼ (for) 보상하다, 벌충하다.

    ex ~ oneself for one's losses

- redeem ∼ (from) 되사다, 되찾다.

    ex He was able to ~ his watch from the pawnshop.

- reduce ∼ (to) 감하다, 축소하다.

    ex ~ him almost to a skeleton.

- refer ∼ sb/sth (back) (to sb/sth) 보내다, 맡기다.

    ex ~ the dispute to the U.N.

- regale ∼ oneself/sb (with/on sth) 기쁘게 하다, 즐겁게 하다.

    ex ~ oneself with a cigar.

- regard ∼ (with) 보다, 대하다.

    ex ~ him with disfavor.

- register ∼ (sth/oneself) (with sth/sb) (for sth) 기록하다, 등록하다.

    ex Must I ~ myself with the police?

- reimburse ∼ sth (to sb); ∼ sb (for) sth 반제하다, 상환하다.

    ex ~ him for his expense.

- relate ∼ (to) ~와 관련되다, 언급하다.

    ex He ~d to his wife some amusing story about his employer.

- release ∼ (from) 해제하다, 풀어놓다.

    ex ~ a man for prison.

- relegate ∼ sth/sb to sth 이관하다, 위탁하다.

    ex He ~d his wife to the position of a mere housekeeper.

- remember ~ sb to sb 안부를 전하다.

  ex please ~ me to your brother.
- remit ~ sth to sb 이송하다.

  ex ~ the matter to a higher tribunal.
- remove ~ (from) 제거하다.

  ex ~ grease/ink stains from clothes.
- remunerate ~ sb (for sth) 보수를 주다, 보답하다.

  ex We ~ our staff for the job.
- rend 강탈하다, 비틀어 떼다.

  ex The brutal soldiers rent children from their mother's arms.
- render ~ sth (to sb) 주다(갚다).

  ex ~ thanks to God.
- rent ~ (from/to) 임차(임대)하다.

  ex We ~ the house from Mr. Green.
- report ~ sb/sth (for sth) 알리다.

  ex ~ an official for insolence.
- represent ~ sth (to sb) 표현하다.

  ex ~ my ideas to you in another way.
- reproach ~ sb (for/with sth) 비난하다, 꾸짖다.

  ex The priest ~ed the people for not attending church services.
- requite ~ sth/sb (with) sth 갚다, 보답하다.

  ex ~ kindness with ingratitude.
- rescue ~ sb from sth/sb 구조(해방)하다.

  ex ~ a child from drowning.

- reserve 떼어두다, 비축하다.

  ex ~ your strength for the climb.

- resign ~ oneself to sth 양도하다, 감수하다.

  ex I ~ my children to your care.

  ex Be ~ed to one's fate.

- resolve ~ sth (into sth) 분해하다, 변형시키다.

  ex ~ a problem into its element.

- rest ~ (sth) on/upon 놓이다, 멈추다, 쏠리다.

  ex She ~ed her eyes on me.

- restore ~ (to) 반환하다, 회복시키다.

  ex We have to ~ their identity to them.

- restrain ~ (from) 제지(견제)하다.

  ex ~ a child from mischief.

- restrict ~ (to) 제한(한정)하다.

  ex ~ discussion at the meeting to the agenda.

- reveal ~ (to) 알리다. 누설하다.

  ex The doctor did not ~ to him his hopeless conviction.

- rig ~ sb out (in/with sth) 공급하다, 차려입다.

  ex She was rigged out in her best clothes.

- rob ~ sb/sth (of sth) 빼앗다, 강탈하다.

  ex I was robbed of my watch. I had my watch stolen.

- roll ~ (at) (눈이) 희번덕거리다(거리게 하다).

  ex Don't ~ your eyes at me.

- run 빨리 움직이다(놀리다).

  ex ~ one's eyes over a page.

  ex ~ one's fingers over the keys of a piano.

- sacrifice ～ (sth) (to) 희생(제물)으로 바치다.

  (ex) ～ a lamb to the gods.

- satisfy ～ sb (of sth) 납득(확신)시키다.

  (ex) Have you ~ied yourself of the truth of the report?

- saturate ～ (with/in) 적시다, 흡수시키다.

  (ex) ～ oneself with sunshine.

  (ex) ～ water with salt.

- save ～ (from) 구하다, 안전하게 하다. ～ sb from drowning. ～ (up) (for sth) 떼어두다, 저축하다.

  (ex) ～ some of the meat for tomorrow.

- scold ～ (sb) (for sth) 꾸짖다, 야단치다.

  (ex) ～ a child for being lazy.

- scrape ～ sth (from/off sth); ～ sth (away/off) 긁어서 깨끗이 하다, 문질러 없애다.

  (ex) ～ paint from a door.

- screen ～ (from) 차단하다, 보호하다.

  (ex) I'm not willing to ～ you from blame.

- search ～ (sb/sth) (for sth/sb); ～ sb/sth out 조사(탐구)하다.

  (ex) Can you just ～ it for me?

- seclude ～ sb/oneself (from) 격리시키다, 은퇴시키다.

  (ex) ～ oneself from society.

- seduce ～ sb (from) 분리하다, 갈라지다.

  (ex) ～ the good ones from the bad.

- serve ～ sth (to sb); ～ sb (with sth) 대접하다.

  (ex) They ～ roast pork with apple sauce.

• set ~ sth to sth 대다, 가까이 하다.

　ex ~ a glass to one's lips.

• shift ~ sth (from/to) 바꾸다, 옮기다.

　ex ~ blame to sb else.

• sift ~ (out) (from) 체로 치다, 체질하다.

　ex ~ (out) ashes from the cinders.

• sink ~ (in) 투자하다.

　ex He has sunk half his fortune in a new business undertaking.

• skim ~ (off) (from) 떠 있는 것을 걷어내다.

　ex ~ the cream from the milk.

• smear ~ sth on/over/with 덮어 가지다, 바르다.

　ex ~ one's hand with grease.

• smooth ~ sth (down/out/away/over) 매끄럽게 하다, 원활하게 하다.

　ex ~ a grave with flowers.

• smuggle 밀수하다.

　ex ~ Swiss watches into England.

• soak ~ sth (in sth) 담그다.

　ex ~ dirty clothes in water/bread in milk.

• spatter ~ sth (on/over sth); ~ sth (with sth) 튀기다, 뿌리다.

　ex ~ one's clothes with grease.

• speed 빨리 가게(움직이게) 하다.

　ex ~ an arrow from the bow.

• spend ~ sth (on sth) 투자하다, 보내다.

　ex ~ a lot of time on a project.

- spin 〜 (into/from) 잣다, 방적업에 종사하다.

  ex 〜 wool into thread.

- splash 〜 sth (on/over sth); 〜 sth/sb with sth 튀기다, 적시다.

  ex 〜 the floor with water/〜 water on/over the floor.

- split 〜 (into) 쪼개다, 찢다.

  ex Only a skilled workman can 〜 slate into layers.

- spread 〜 sth on/over sth; 〜 sth with sth 펴다, 펼치다.

  ex 〜 a cloth on a table/a table with a cloth.

- spring 〜 sth on sb 갑자기 내놓다, 꺼내다.

  ex 〜 a new theory/proposal on sb.

- sprinkle 〜 sth (on/with sth) 끼얹다, 뿌리다.

  ex 〜 water on a dusty path.

- square 〜 (sth) (up) (with sb) 청산(결산)하다.

- squeeze 〜 sth (from/out of sth); 〜 sth out 꽉 짜서 (물즙)을 내다.

  ex 〜 the water out.

- stamp 〜 sth (on/with sth) 찍다, 날인하다.

  ex 〜 an envelop with one's name and address.

- steal 〜 sth (from) 훔치다.

  ex Can you 〜 it from him?

- steep 〜 sth (in sth) 담그다.

  ex 〜 onions in vinegar.

- stimulate 〜 sb (to sth) 자극하다, 촉진시키다.

  ex 〜 sb to further efforts.

- sting 〜 sb (to/into sth) 아프게 하다, 화나게 하다.

  ex Anger stung him to action/into fighting.

- stint ~ sb (of sth) 아끼다, 줄이다.

  ex She ~ed herself of food to let the children have enough.

- stir ~ sb to sth 자극(선동)하다.

  ex Discontented men ~red the crew to mutiny/~red up trouble among the crew.

- stock ~ (with) 공급하다, 저장해 두다.

  ex ~ a shop with goods.

- stop ~ sb (from) (doing sth) 중지시키다, 그만두게 하다.

  ex Can't you ~ the child (from) getting into mischief?

- strike ~ fear/terror/alarm into sb 무서움/공포/놀라게 하다.

  ex Attila struck terror into the people of eastern Europe.

- strip ~ (off); ~ sth/sb (off); ~ (from/off sth); ~ sth/sb (of sth) 벗기다, 치우다.

  ex ~ paint from a surface/~ a surface of paint.

- stuff ~ sth with/into sth; ~ sth up 채우다, 채워넣다.

  ex ~ feather into a bag. ~ a bag with feathers.

- subject ~ to 예속시키다, 지배하다.

  ex Ancient Rome ~ed most of Europe to her rule.

- submit ~ oneself to sb/sth 복종(순종)하다.

  ex ~ oneself to discipline.

- subscribe ~ (sth) (to/for) 기부하다, 기부를 약속하다.

  ex He ~d $5 to the flood relief fund.

- subtract ~ (from) 빼다, 공제하다.

  ex ~ 6 from 9.

- suggest ~ sth (to sb) 제시(건의)하다.

  ex What did you ~ to the manager?

- summon 〜 sb (to sth) 소집(소환)하다.

    ex 〜 shareholders to a general meeting.

- superimpose 위에 놓다, 부가하다.

    ex 〜 England on a map of Texas.

- supplicate 애원(간청)하다.

    ex 〜 itself to the 21st century.

- supply 〜 sb with sth 주다, 공급하다.

    ex 〜 gas/electricity to domestic consumers.

- surrender 〜 (to) 자수하다, 넘겨주다.

    ex 〜 the hijackers to the police.

- suspend 〜 sth (from) 매달다, 달아매다.

    ex 〜 lamps from the ceiling.

- swell 〜 (up) (with) 부풀다, 팽창하다.

    ex 〜 his heart with pride.

- swindle 〜 sth out of sb; 〜 sb out of sth 속여 빼앗다.

    ex 〜 money out of sb.

- take 〜 sb into/out of doing sth 이야기하여 어떤 상태로 되게 하다.

    ex He took his wife out of buying a new car.

    ex She took her husband into having a holiday in France.

- taunt 〜 sb (with sth) 아무를 힐책(조롱, 모욕)하다.

    ex They 〜ed the boy with cowardice.

- tempt 〜 (to sth) (into doing sth) 유혹하다, 부추기다.

    ex 〜 him into making a false step.

- thank 〜 sb (for sth) 아무에게 감사하다.

    ex 〜 a person for his help.

• tinge ～ sth (with) 약간 물들이다.

  ex ～ admiration with envy.

• trade ～ sth for sth (물물) 교환하다.

  ex The boy ~d his knife for a cricket bat.

• train ～ (for) 훈련(단련)하다. ～ a horse for a race.

  ～ on/upon sth 겨누다, 향하게 하다.

  ex ～ a gun upon the enemy's position.

• transfer ～ (sb/sth) (from) (to) 옮기다, 이동하다.

  ex ～ the head office from York to London.

• transform ～ sth (into sth) 형상(성질)을 변화시키다.

  ex A steam-engine ~s heat into energy.

• transliterate ～ sth (into) 음역하다, 다른 자모로 바꾸어 쓰다.

  ex ～ Greek into roman letters.

• translate ～ sth (from) (into) 번역(해석)하다.

  ex ～ an English book into French.

• transmit ～ sth (to) 보내다, 송달하다.

  ex ～ a message by radio.

  ex Parents ～ some of their characteristics to their children.

• transmute ～ sth (into) 모양, 성질, 내용을 변화시키다.

  ex We cannot ～ base metals into gold.

• treat ～ sb/oneself (to sth) 한턱내다/스스로 즐기다.

  ex ～ one's friends to oysters and champagne.

• trim ～ sth (with sth) 장식하다, 장식을 달다.

  ex ～ a hat with fur. ～ a dress with lace.

- trouble ～ sb for sth 아무를 괴롭히다, 성가시게 굴다.

  ex May I ~ you for a match?
- turn ～ (sth) (into sth) 바뀌게 하다.

  ex Frost ~ed water into ice.
- urge ～ sb (to sth) 간청하다, 설득하다.

  ex Agitators ~d the peasants to revolt/to revolution.
- vest ～ sth in sb; ～ sb with sth 부여하다, 주다.

  ex ~ a man with authority/right in an estate.
- visit ～ sth on sb 벌하다.

  ex ~ the sins of the fathers upon the children.
- wager 걸다.

  ex ~ $5 on a horse.
- wait ～ (for) 늦추다, 연기하다.

  ex Don't ~ dinner for me.
- warn 경고(경계)하다.

  ex They ~ed him of the danger.
- weigh ～ sth (with/against sth) 비교하다.

  ex ~ one plan against another.
- wheedle ～ (into/out of) 상냥하게 대하다, 아첨하다.

  ex The girl ~d her father into buying her a bicycle.
- whisper ～ (to) 속삭이다.

  ex ~ a word to sb.
- wind ～ sth round sb/sth; ～ sb/sth in sth 돌리다, 감다, 껴안다.

  ex ~ a shawl round a baby/ ~ a baby in a shawl.

- withdraw ～ sth/sb (from) 뒤로 물리다, 회수하다.

  ex ～ money from the bank.

- wrap ～ sth round sth 싸다, 포장하다.

  ex ～ this shawl round your shoulders.

[17형] S + vt + noun/pronoun + to-Inf(to-부정사)

- adjure 간청하다, 엄명하다.

  ex I ～ you to tell the truth.

- advice 충고하다, 권하다.

  ex We ~d them to start early.

- aid 돕다.

  ex ～ sb to do sth.

- allow 허락하다.

  ex Please ～ me to carry your bag.

- ask 청하다, 초대하다.

  ex We ~ed him to come again.

- assist 돕다, 거들다.

  ex ～ sb to fill in the forms.

- authorize 권한을 주다.

  ex I have ~d him to act for me while I am abroad.

- beg 간청하다.

  ex They begged us not to punish them.

- bid 행동을 제약하다.

  ex ～ sb to do sth. ～ sb to pay a debt.

- bring 가져오다, 야기하다.

  ex They couldn't ~ themselves to believe the news.
- cause 일으키다.

  ex He ~d the prisoners to put to death.
- coax 달래서 ～하다.

  ex ~ a fire to burn. ~ a child to take its medicine.
- command 명령하다.

  ex The officer ~ed his men to fire.
- compel 강요하다, (반응을) 자아내다.

  ex His conscience ~led him to confess.
- constrain ～하게 하다, 강제하다.

  ex I feel ~ed to write and ask for your forgiveness.
- counsel 조언(권고)하다.

  ex Would you ~ us to give up the plans?
- decide 결정(결심)하다.

  ex What ~d you to give up your job?
- delegate 위임하다.

  ex ~ sb to perform a task.
- deserve 받을 가치가 있다.

  ex He certainly ~s to be sent to prison.
- determine 결정(결심)시키다.

  ex What ~d you to accept the offer?
- dispose 마음이 내키게 하다.

  ex The low salary did not ~ him to accept the position.
- embolden 용기(자신)를 주다.

  ex Their sympathy ~ed me to ask them for help.

- enable 할 수 있게 하다, 권한을 주다.

  ex The collapse of the strike ~ed the company to resume normal bus service.

- encourage ~하도록 희망(용기)을 주다, 지지하다.

  ex ~ a man to work harder.

- enjoin 명령하다, 분부하다.

  ex ~ sb to obey the rules.

- entice 유혹하다, 설득하다.

  ex ~ sb to do sth wrong.

- entreat 간청(탄원)하다.

  ex ~ sb to show mercy.

- exhort ~하도록 아무에게 열심히 권(고)하다.

  ex ~ sb to do good/to work harder.

- forbid 금하다, 허락하지 않다.

  ex ~ a girl to marry.

- force 강제하다, 억지로 ~시키다.

  ex ~ sb to work hard.

- get 시키다, ~하도록 설득하다.

  ex You'll never ~ him to understand.

- hate 증오하다, 미워하다.

  ex I hate you to be troubled. 네가 곤란해지는 게 싫어.

- help 돕다, 원조하다.

  ex I ~ed him (to) find his things.

- impel 재촉하다, 몰아대다.

  ex The speech ~led them to be moved.

- implore 간청(애원)하다.

  ex ~ a friend to help one.

- induce 설득하다.

  ex We couldn't ~ the old lady to travel by air.

- inspire 고무(고취)하다.

  ex What ~d him to give such a brilliant performance?

- instigate 선동하다, 교사하다.

  ex ~ workers to down tools.

- intend 의도하다, ~할 작정이다.

  ex We ~ them to do it.

- invite 권하다, 조장하다.

  ex He ~d me to swim.

- know 알다.

  ex I ~ him to be honest.

- license 허가(인가)하다.

  ex ~ a doctor to practice medicine.

- mean 의도(작정)하다.

  ex He ~s his son to succeed.

- move ~할 마음이 일어나다.

  ex The spirit ~d him to get up and address the meeting.

- oblige 아무에게 ~요구하다.

  ex The law ~s parents to send their children to school.

- order 명령(지시)하다.

  ex The doctor ~ed me to stay in bed.

- permit 허가(허락)하다.

  ex Circumstance do not ~ me to help you.

- persuade 설득하다, 권하여 ~시키다.

  ex We ~d him to try again.

- pray 간청(청탁)하다.

  ex We ~ you to show mercy.

- predicate 단언(단정)하다.

  ex ~ a motive to be good.

- prefer 좋아하다.

  ex I should ~ you not to go there.

- press 재촉하다, 주장하다.

  ex ~ sb to pay a debt.

- prompt 격려(자극)하다.

  ex What ~ed him to be so generous?

- qualify 자격을 주다.

  ex He doesn't ~ her to criticize his work.

- remind 일깨우다.

  ex Please ~ me to answer that letter.

- set ~하게 하다.

  ex He set the farmer to chop wood.

- stimulate 자극하다.

  ex ~ sb to make greater efforts.

- summon 호출(소환)하다.

  ex ~ sb to appear as a witness.

- tempt 유혹하다, 부추기다.

  ex Nothing could ~ him to take such a step.

- threaten 협박(공갈)하다.

  ex ~ an employee to dismiss.

- train 교육(훈련)하다.

  ex ~ an employee to dismiss.

- trouble 괴롭히다, 성가시게 굴다.

  ex May I ~ you to pass the salt, please?

- trust 하게 하다, ~에 마음 놓다.

  ex Can I ~ you to get the money safely to the bank?

- understand 알다, 당연하다고 생각하다.

  ex I understood him to say that he would cooperate.

- urge 간청(강권)하다.

  ex He ~d us to leave.

- want 원하다.

  ex she ~s me to go with her.

- wish 원하다.

  ex Do you ~ me to go?

[19형] S + vt + noun/pronoun + present participle(현재분사)

- bring 오게 하다, 생기게 하다.

  ex A phone call brought him hurrying to Leeds.

- catch 갑자기 달려들다, 덮치다.

  ex I caught the boys stealing apples from my garden.

- fancy 공상(상상)하다.

  ex I can't ~ his doing such a thing.

- feel 알다, 느끼다, 깨닫다.

  ex I felt sth crawling up my arm.

  ex He felt his heart beating wildly.

- get 어떤 상태에 이르게 하다.

  ex Can you really ~ that old car going again?

- hate 증오(미워)하다.

  ex She ~ s anyone listening while she's telephoning.

- imagine 상상하다, 마음에 그리다.

  ex Can you ~ yourself becoming famous as an actor?

- involve 따르다, 포함하다.

  ex To accept your offer would ~ my living in London.

- justify 충분한 이유가 되다.

  ex Your wish to go for a walk does not ~ you leaving the baby alone in the house.

- keep 계속해서 ~하게 하다.

  ex Please ~ the fire burning.

- leave 남겨두다, 그대로 있게 하다.

  ex Don't ~ her waiting outside in the rain.

- remember 기억하다, 생각해 내다.

  ex I ~d him posting your letter.

- resent 분개하다, 화를 내다.

  ex Does he ~ my being here?

- see 알아채다, 보다.

  ex I saw two men struggling for the knife.

- set 하여금 ~하게 하다.

  ex What has set the dog barking?

- show 보이다, 전시하다.

  ex The photograph ~s him sitting at his desk.

- smell 냄새 맡다.

  ex I can ~ sth burning.

- spend 보내다, 지내다.

  ex ~ one's spare time gardening.

- start 가동시키다, 생기게 하다.

  ex This news ~ed me thinking.

- take 휴대하다, 데리고 가다.

  ex ~ the children swimming.

- understand 이해(납득)하다.

  ex I cannot ~ his robbing his friend.

- urge 간청(설득)하다.

  ex He ~d our leaving.

- want 요구하다, 필요로 하다.

  ex I don't ~ anyone meddling in my affairs.

- watch 지켜보다, 주시하다.

  ex They ~ ed me playing tennis.

[20형] S + vt + noun/pronoun + Interrogative + to-Infinitive

- advise 충고하다, 권하다.

  ex They ~d me how to do this.

- ask 묻다.

  ex I'll ~ him how to get there.

- show 설명(증명)하다, 보이다.

  `ex` He ~ed me how to do it.

- teach 가르치다, 알게 하다.

  `ex` ~ a child how to swim.

- tell 알리다, 고하다.

  `ex` ~ him where to put it.

[21형] S + vt + noun/pronoun + Interrogative clause(의문절)

- advise 충고하다, 권하다.

  `ex` please ~ me whether I should accept the offer.

- ask 묻다.

  `ex` They ~ed me what my name was.

- show 설명하다, 증명하다.

  `ex` He ~ed me how he had done it.

- tell 알리다. 고하다.

  `ex` ~ me where you live.

[22형] S + vt + DO + adjective(형용사)

- bake 열을 가해서 굳어지다.

  `ex` The sun ~d the ground hard.

- boil 끓게 하다, 삶다.

  `ex` Don't ~ the eggs hard.

- brush 솔질하다, 솔로 털다(닦다).

ex ~ sth clean.

- burst 파열(폭발)시키다.

   ex We had to ~ the door open.

- cleave 쪼개다, 찢다.

   ex ~ a man's head open with a sword.

- clip 자르다, 베다.

   ex ~ a grass short.

- crop 끝을 뜯어먹다.

   ex The sheep had ~ped the grass short.

- cut 아무를 못 본 체한다.

   ex She ~ me dead in the street.

- cut sb/sth free 자유롭게 하다.

   ex He ~ himself free from the rope.

- cut sb/sth loose 풀어주다, 끊다.

   ex cut loose a boat/cut a boat loose.

- cut sth open 구멍을 내다, 터트리다, 째다.

   ex He fell and cut his head open.

- cut sth short 짧게 하다, 줄이다.

   ex to cut long story short.

- drain 마시다, 비우다.

   ex ~ a glass dry.

- dye 물들이다, 염색하다.

   ex ~ a white dress blue.

- file 줄질하다, 줄로 매끈하게 하다.

   ex ~ sth smooth.

- find 알다, 깨닫다.

  ex We found the beds quite comfortable.

- force 강제하다, 억지로 ~시키다, 돌파하다.

  ex ~ a door open.

- get 어떤 상태로 하다, ~되게 하다.

  ex I must ~ the breakfast ready.

- hammer 해머(망치)로 때리다(치다).

  ex ~ a piece of metal flat.

- hold 생각하다, 여기다, 믿다.

  ex He does not ~ himself responsible for his wife's debt.

- keep 남아있게 해두다.

  ex Will you ~ these things safe for me?

- laugh 웃어서 ~하게 하다.

  ex ~ oneself silly/helpless.

- lay ~을 보이다, 들어내다.

  ex ~ one's heart bare.

- lay sth flat ~을 쓰러트리다, 납작하게 하다.

  ex ~ a hill flat.

- lay sth open 드러내다, 폭로하다.

  ex ~ a plot open.

- leave 남겨두다, 그대로 있게 하다.

  ex Who left the window open?

- let 내버려두다, 상관 않다.

  ex Let it alone.

- lick 핥다.

  ex He ~ed the spoon clean.

- like 좋아하다, 바라다.

  ex I ~ it rather weak.

- make 하게(되게) 하다.

  ex The news made her happy.

- mark 표시하다.

  ex ~ a pupil absent.

- paint 칠하다.

  ex ~ the gate green.

- rake 갈퀴로 긁다.

  ex ~ the soil smooth for a seedbed.

- rub 문지르다, 닦다.

  ex ~ the surface dry.

- scream 날카로운 소리(비명)를 지르다.

  ex The child ~ed itself red in the face.

- send 되게 하다.

  ex This noise is ~ing me crazy.

- slam 쾅(탁) 닫다.

  ex ~ the window shut.

- smoke ~한 상태로 이끌다.

  ex He ~d himself sick.

- squash 으깨다, 납작하게 하다.

  ex You'll ~ it flat.

- squeeze 압착하다, 짜다.

  ex ~ a lemon dry.

- stamp 짓이기다, 짓밟다.

  ex ~ the soil flat.
- stretch 펴다, 늘이다.

  ex ~ a rope tight.
- strip 벗기다, 떼다.

  ex The bandits ~ped him naked.
- swear 불경스러운 말을 하다.

  ex He swore himself horse.
- sweep 쓸어내다, 깨끗이 하다.

  ex ~ the chimney free of soot.
- take 다루다(대하다).

  ex ~ sth ill/amiss.
- talk 이야기하여 어떤 상태로 하게 하다.

  ex ~ oneself hoarse.
- tear 찢다, 째다.

  ex He tore the parcel open.
- thump 세게 치다(때리다).

  ex she ~ed the cushion flat.
- wash 씻다, 세탁하다.

  ex ~ them clean.
- wear 입고(신고, 쓰고) 있다.

  ex She used to ~ her hair long.
- wish 아무가 잘되기를 바라다.

  ex ~ sb well/ill.   He ~ ed me well.

- worry 걱정하다, 괴로워하다.

  ex ~ oneself sick.

- zip 지퍼를 열다/닫다.

  ex She ~ped her bag open.

[23형] S + vt + DO + adjective(명사)

- appoint 임명하다, 지명하다.

  ex They ~ed White a manager.

- call 이름짓다, ~라고 생각하다, 간주하다, 일컫다.

  ex We ~ him Dick.

  ex Do you ~ English an easy language?

- choose 고르다, 선택하다.

  ex They chose me their leader.

- consecrate 신성하게 하다.

  ex ~ women bishops.

- constitute 임명(지명)하다.

  ex They ~d him chief advisor.

- denominate 이름을 붙이다, 일컫다.

  ex ~ the length a mile.

- elect 선출(선거)하다.

  ex ~ Smith chairman.

- incorporate 결합(합병)시키다(하다).

  ex ~ him a member of the college.

- name 이름짓다, 명명하다.

  ex They ~d the child John.
- nominate 지명(추천)하다.
- proclaim 선언하다, 공식 선포하다.

  ex He ~ed Anne his heir.

[24형] S + vt + DO + past participle(과거분사)

- acknowledge 고백하다, 인정하다.

  ex He won't ~ himself beaten.
- finish 끝내다, 마무리하다.
- get 어떤 상태로 하다, ~되게 하다.

  ex I must ~ the breakfast cooked.
- have ~ sth done ~을 하게 하다. 경험하다, 겪다.

  ex You'd better ~ that bad tooth pulled out.

  ex He had his pocket picked.
- hear 듣다.

  ex Have you ever heard that song sung in Italian?
- leave 남겨두다, 그대로 있게 하다.

  ex Did you ~ the window and doors firmly fastened?
- make 하게(되게) 하다.

  ex His action made him universally respected.
- see 알아채다, 보다.

  ex Have you ever seen a man hanged?

- show 보이다, 전시하다.

  ex The photograph ~s him seated at his desk.

- want 요구하다, 필요로 하다.

  ex Do you ~ this box opened?

[25형] S + vt + DO + (to be) + adjective/noun(형용사/명사)

- adjudge 판결하다, 선고하다.

  ex ~ sb (to be) guilty.

- adjudicate 선고하다.

  ex ~ sb bankrupt.

- admit 시인(자백)하다.

  ex You must ~ the task to be difficult.

- appoint 임명하다.

  ex They ~ed Whit (to be) manager.

- assume 가정하다.

  ex You ~ him to be innocent.

- avow 인정하다.

  ex He ~ed himself (to be) a Christian.

- believe 믿다, ~라고 생각하다.

  ex They ~d him to be insane.

- betray 나타내다, 보이다.

  ex His accent ~ed him (to be) a foreigner.

- certify 증명하다.

  ex I ~ this to be a true copy of the original.

• confess 고백(자백)하다.

  ex She ~ed herself (to be) guilty.

• consider 여기다, 간주하다.

  ex They ~ed themselves very important.

• declare 선언(발표)하다.

  ex I ~ this meeting closed.

  ex The accused man ~d himself innocent.

• deem 생각하다, 간주하다.

  ex He ~ed it his duty to help.

• deny 부정(부인)하다.

  ex He denied this to be the case.

• discover 찾아내다, 발견하다.

  ex We have ~ed him to be quite untrustworthy.

• elect 선출(선거)하다.

  ex ~ Smith (to be) chairman.

• esteem 높이 평가하다, 존경하다.

  ex I shall ~ it a privilege to address this audience.

• fancy ~라는 생각이 든다.

  ex He fancied her to be dad.

• feel 생각이 들다.

  ex He felt the plan to be unwise.

• find 알다, 깨닫다.

  ex We found him (to be) dishonest.

• grant 인정하다.

  ex ~ this to be true.

- guarantee 보증(보장)하다.

  ex We can't ~ our workers regular employment.

- guess 추측하다, 알아맞히다.

  ex I ~ him to be 50.

- hold 여기다, 믿다, 확인하다.

  ex ~ a man to be a fool.

- imagine 상상하다, 마음에 그리다.

  ex I ~ yourself (to be) on a desert island.

- know 알다.

  ex I ~ him to be honest.

- leave 남겨두다, 그대로 있게 하다.

  ex ~ the cat alone.

- presume 추정(추측)하다.

  ex An accused man is ~d (to be) innocent.

- proclaim 선언하다, 정식 포고하다.

  ex ~ a man (to be) a traitor.

- profess 주장하다, 칭하다.

  ex He ~ed himself satisfied.

- pronounce 선언(선포)하다, 투영하다, 영사하다.

- prove ~임이 나타나다.

  ex He ~d himself to be a cowerd.

- reckon 보다, 간주하다.

  ex ~ her (to be) the prettiest girl in the village.

- recognize 인정하다.

  ex Everyone ~d him to be the greatest living authority on ancient Roman coins.

- report 보고(보도)하다.

  ex They ~ed the enemy to be ten miles away.

- represent 말하다, 주장하다.

  ex He ~ed himself as an expert.

- reveal 드러내다, 나타내다.

  ex Research has ~ed him (to be) the father of twelve children.

- show 증거를 보이다, 증명하다.

  ex His new book ~s him to be a first-rate novelist.

- suppose 추측하다, 생각하다.

  ex All her neighbors ~d her to be a widow.

- suspect 알아차리다, 느끼다.

  ex ~ him to be a liar.

- swear 증언하다.

  ex ~ accusation/a charge against sb.

- think 여기다, 믿다.

  ex Do you ~ it likely?

- vote 인정하다, 간주하다.

  ex ~ the new teacher a pompous bore.

- warrant 보증(보장)하다.

  ex I'll ~ him an honest and reliable man.

이 책을 집필하는 과정에서 필자는 모교인 의정부고등학교에서 1학년 후배 20명과의 소통 시간을 갖는 행운을 가졌다.

'선배와의 대화'라는 자리를 통해서 과연 이 책의 내용이 미래의 독자들에게 얼마나 어필을 할 수 있는가를 알 수 있는 자리였다.

강의형식으로 진행된 소통자리는 언어의 습득과정을 시작으로 조기교육의 장·단점, 왜 한국인에게 영어가 어려운가 등의 순서로 진행되었다. 훈민정음의 소개와 훈민정음 발음법을 활용한 한글에 존재하지 않는 영어의 알파벳 발음 방법과 듣기/말하기를 위한 영어 문장에서 발생하는 연음법칙과 함께 유용한 영어 발음법칙 등을 약 한 시간에 걸쳐서 설명한 후, 설문서를 받는 것으로 강의를 마쳤다.

조사된 설문의 결과는 매우 만족스러웠다. 20명 전원이 훈민정음의 놀라운 위력에 감탄했으며, 기회가 되면 훈민정음을 더 공부해 보고 싶다고 했다. 또한 문장에서 발생하는 연음법칙과 유용한 영어 발음법칙을 알게 되면서, 풀리지 않았던 '왜 아는 단어임에도 영어 발음이 들리지 않았는지와 실제와 다르게 문장이 발음되는지를 알게 되었다고'하는 내용을 설문지에 적어 주었다.

이는 이 책의 학습 내용이 기존의 단순한 영어학습 방법이 아닌 한국인이라면 누구나 쉽게 할 수 있는 훈민정음의 발음 방법을 통해서 영어에서 가장 어려운 듣기/말하기에 접근할 수 있다는 가능성을 보여준 쾌거라고 감히 말하고 싶다.

독자 여러분들이 이 책을 통해서 확실하게 영어 실력을 향상하고, 자신감을 얻는 계기가 될 수 있다는 반가운 소식이었다.

처음 책을 구상할 때부터 실제 학습자들이 직면한 어려움(한글에 없는 발음, 듣기/말하기가 안되는 이유, 체계적인 평생 문장구조의 필요성 등)과 이런 문제들을 해결할 방안들을 고민하였다. 그 결과, 실제로 한국인이면 누구나 접근이 가능한 훈민정음 기반의 "세종어제 정음영어"가 탄생하는 계기가 되었다. 책의 주요 내용으로는 훈민정음기반 영어 철자 발음법, 평생을 가지고 갈 영어의 문장패턴 동사25형, 듣기/말하기를 위한 문장에서 발생하는 연음법칙과 유용한 발음법칙 등을 흥미로운 학습 방법으로 담아내려고 노력하였다.

더 나아가 수준 높은 영어의 구사를 위해 가장 많이 쓰이는 20개 동사를 동사패턴 25형 기반으로 정리하였다. 마지막으로 동사와 함께 가는 전치사와 구동사에 대한 기본의미와 실용적 사용법을 추가하였다.

물론 완벽하지는 않을 수도 있지만 이 책이 여러분의 영어학습 여정의 작은 나침반을 넘어서 바이블(Bible)이 되기를 진심으로 기원한다.

끝으로 이 책을 집필하는데 도움을 주신 행복에너지 권선복 대표님과 꼼꼼한 편집을 함께 해준 서보미 디자이너에게 감사의 말씀을 전한다.

그리고 무엇보다도 이 책을 선택해 주신 독자 여러분들께도 깊은 감사의 마음을 전한다.

빠르게 변해가는 세상 속에서 독자 여러분 모두의 영어가 탄탄해지고, 삶의 유용한 도구가 되는 날을 기원한다.

여러분의 새로운 도전과 배움의 여정에 따뜻한 응원을 보낸다.

감사합니다.

한국인에게 특화된 새로운 영어 접근법,
세종어제 정음(正音)영어

권선복 | 도서출판 행복에너지 대표이사

글로벌 공용어로서 영어의 중요성은 굳이 강조하지 않아도 누구나 알고 있을 것입니다. 그렇기에 대한민국의 공교육은 어릴 때부터 영어 교육에 총력을 기울이고 있고, 부모님들 역시 자녀의 영어교육에 지대한 관심을 보이면서 때로는 한국어 교육보다 영어 교육이 중요시되고 있다는 비판을 받기도 합니다. 그럼에도 불구하고, 현대 한국의 많은 성인들이 영어 발음 등의 문제로 인해 원어민과 대화를 하는 것에 어려움을 느끼는 경우가 많으며, 이는 글로벌 스탠다드에 발맞추어 가는 데에 많은 걸림돌이 되고 있는 것이 사실입니다.

그런 의미에서 이 책, 『한국인을 위한 영어혁명, 세종어제 정음영어』는 '한국인이 영어를 못하는 이유'에 대해 일반적으로 알려진 것과는 전혀 다른 방향으로 접근하여 '세상의 모든 언어를 발음할 수 있는 우리 민족의 보물 훈민정음으로 영어에 접근한다'는 혁신적인 방법을 내놓고 있으며, 영어를 잘하고 싶은 모든 한국 사람들이 주목할 만한 책이라고 할 수 있을 것입니다.

이 책은 일본의 제국주의 교육에 의해 한국어와 한글이 변형되기 전에 만들어진 지석영, 전용규 선생의 훈민정음식 영어사전 『아학편』을 기반으로 삼아 훈민정음 특유의 연서법과 합용법을 활용하여 완벽한 영어 발음을 한국어를 하듯이 쉽게 할 수 있도록 돕고 있습니다. 또한 영어를 모국어처럼 사용하기 위해 가장 중요한 동사패턴, 구동사, 전치사 등을 반복 학습할 수 있도록 제시하여 독자 분들이 실용영어를 몸에 익힐 수 있도록 도울 것입니다.

훈민정음으로 영어를 발음하고 평생 언어의 기반을 마련할 수 있다는 '세종어제 정음영어'의 편집 작업은 단순히 문장과 레이아웃을 다듬는 과정을 넘어 독자 여러분의 영어학습을 더 효과적으로 할 수 있는 방법을 고민하는 시간이었습니다. 특히 저자의 독창적이고 깊이 있는 콘텐츠를 가장 잘 전달할 수 있도록 명쾌하게 구조를 정리하고, 학습자의 입장에서 "이해하기 쉽고 실용적인가"라는 질문에 주력하여 영어를 잘하고 싶은 독자분들의 길잡이가 되어 줄 수 있을 것입니다.

좋은 **원고**나 **출판 기획**이 있으신 분은 언제든지 **행복에너지**의 문을 두드려 주시기 바랍니다.
ksbdata@hanmail.net   www.happybook.or.kr   문의 ☎ 010-3267-6277

'행복에너지'의 해피 대한민국 프로젝트!

〈모교 책 보내기 운동〉〈군부대 책 보내기 운동〉

한 권의 책은 한 사람의 인생을 바꾸는 힘을 가지고 있습니다. 한 사람의 인생이 바뀌면 한 나라의 국운이 바뀝니다. 그럼에도 불구하고 많은 학교의 도서관이 가난하며 나라를 지키는 군인들은 사회와 단절되어 자기계발을 하기 어렵습니다. 저희 행복에너지에서는 베스트셀러와 각종 기관에서 우수도서로 선정된 도서를 중심으로 〈모교 책 보내기 운동〉과 〈군부대 책 보내기 운동〉을 펼치고 있습니다. 책을 제공해 주시면 수요기관에서 감사장과 함께 기부금 영수증을 받을 수 있어 좋은 일에 따르는 적절한 세액 공제의 혜택도 뒤따르게 됩니다. 대한민국의 미래, 젊은이들에게 좋은 책을 보내주십시오. 독자 여러분의 자랑스러운 모교와 군부대에 보내진 한 권의 책은 더 크게 성장할 대한민국의 발판이 될 것입니다.

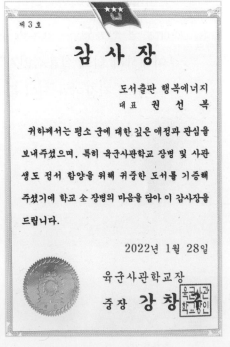